Jürgen Zwillıng

Er & sein Ich

Gemeinsame Gedanken über die Natur,
Tiere und Menschen

Rediroma-Verlag

Bibliografische Information der Deutschen
Nationalbibliothek:
Die Deutsche Nationalbibliothek verzeichnet diese
Publikation in der Deutschen Nationalbibliografie;
detaillierte bibliografische Daten sind im Internet über
http://portal.dnb.de abrufbar.

ISBN 978-3-98527-512-0

Copyright (2022) Rediroma-Verlag

www.rediroma-verlag.de
19,95 Euro (D)

Neokapitalistische Happen

Neokapitalistische Happen
Sind keine Cocktailhäppchen
Auch keine sozialen Leistungen
Es ist Überlebensfutter
Für die Demokratiesklaven

Gedanken von Karl Marx

Die richtigen Gedanken
Zur aktuellen Zeit
Können die falschen Gedanken
Zur späteren Zeit sein

Die ökonomischen Gedanken von Karl Marx
Waren die falschen Gedanken
Im Sozialismus und Kommunismus
Die richtigen in seiner Zeit

Inhalt

9

Er und Sein Ich

widmen dieses Buch

Art 1 Grundgesetz der Würde des Menschen

Und den Menschenrechten insgesamt

Er - Vita

Er ist bekannt aus der Anthologie „Gedichte, Gedanken, ein Plädoyer für die Freiheit" aus 2016, den Gesprächen mit seinem Naturgeist in den Anthologien „Gedichte, Gedanken, ein Plädoyer gegen das Aussetzen und Quälen von Tieren" aus dem Jahr 2017, „Gedichte, Gedanken – Ein Plädoyer für die Erhaltung der Natur und der Menschen" aus dem Jahr 2018, „Dr. Rodolfo – Anwalt der Tiere verklagt den Menschen", 2019 und „Ein Appel gegen Tierleid und Naturzerstörung", 2020. Ein Streiter für die Freiheit, Natur, Tiere und alle Kreaturen.

Er ist ein fiktiver realer Mensch im täglichen Alltag, der sich gemeinsam mit **seinem Ich** Gedanken über die Natur, Tiere und Menschen macht. Er ist so einheitlich gemeinsam mit seinen Mitbürgern, wie er unterschiedlicher nicht sein könnte. Geprägt haben ihn eine soziale liberale Einstellung und eine agnostische Weltanschauung. Krieg und Gewalt lehnt er ab. Die Natur liebt er und setzt sich gemeinsam mit **seinem Ich,** dem Naturgeist, dem Anwalt der Tiere, Dr. Rodolfo, und Katze Mimi für die Natur und Tiere wie für die Freiheit ein.

Kritisch, nachdenklich, streitbar, aber auch lustig blicken **Er und sein Ich** auf die Themen unserer Zeit, in Gesprächen, Geschichten, Gedichten und Aphorismen. **Er und sein Ich** lassen den Gedanken freien Lauf. Diese finden sich nicht zensiert oder gesellschaftlich von außen beeinflusst, also ohne diplomatische Rücksichtnahme, im Buch wieder, eingerahmt von eigenen Fotografien.

Er und sein Ich haben nicht nur die Corona-Pandemie COVID-19 erlebt, nein, seit 1959, dem Geburtsjahr von ihm, gab es viele Katastrophen und Ereignisse. Alle aufzulisten, sprengt den Rahmen dieses Buches. Einige werden hier kunterbunt aufgelistet, für jedes Jahr.

1959: Mexiko, Hurrikan
1960: Erdbeben von Agadir
1961: Junihochwasser
1962: Sturmflut
1963: Eine 270 Millionen Tonnen schwere Flanke löste sich vom Berg Monte Toc, in den Stausee Vajont
1964: Karfreitagsbeben
1965: Pazifische Hurrikansaison
1966: Überschwemmung in Florenz
1967: Tasmanisches Buschfeuer
1968: Tornado über Pforzheim
1969: Atlantische Hurrikansaison
1970: Zyklon in Ostpakistan
1971: Kältewelle in Europa, Spätwinter
1972: Orkan Quimburga
1973: Sturmflut vom Herbst
1974: Hagelunwetter vom 16./17. August
1975: Brand in der Lüneburger Heide
1976: Erdbeben in Friaul
1977: Blizzard of 77
1978: Schneekatastrophe in Norddeutschland
1979: Erdbeben in Montenegro
1980: Ausbruch des Mount St. Helens
1981: Oder-Winterhochwasser

1982: Subtropischer Sturm 1
1983: Atlantische Hurrikansaison
1984: Hungersnot in Äthiopien bis 1985
1985: Erdbeben von Mexiko-Stadt
1987: Nuklearkatastrophe von Tschernobyl
1988: Chemieunfall bei Pepcon
1989: Nuklearunfall von Kramatorsk
1990: Andhra-Pradesh-Zyklon
1991: Ölpest am Persischen Golf
1992: Unglück von Guadalajara
1993: Rheinhochwasser
1994: Merriespruit-Unglück
1995: Einsturz des Sampoong-Gebäudes
1996: Unglück am Mount Everest
1997: Schiffsunglück Nakhodka
1998: Gasunfall in Bucheon
1999: Nuklearunfall von Tökaimura
2000: Explosion der Feuerwerksfabrik von Enschede
2001: Massenpanik im Accra Sports Stadium 2001
2002: SARS-Pandemie
2003: Anschläge von Casablanca
2004: Brandkatastrophe von Asunción
2005: Xiaocaoba-Staudamm
2006:Dacheinsturz der Eislauf- und Schwimmhalle in Bad
Reichenhall
2007: Terroranschläge im Vereinigten Königreich
2008: Bombenanschlag auf das Marriott-Hotel in Islama-
bad
2009: Einsturz der Kölner Stadtarchivs
2010: Unglück bei der Loveparade
2011: Hungerkrise am Horn von Afrika

2012: Flutkatastrophe in der Region Krasnodar
2013: Ölunfall in Ostfriesland
2014: Grubenunglück von Soma
2015: Massenpanik in Mekka
2016: Einsturz des Kirchengebäudes der Reigners Bible Church in Uyo
2017: Brand im Grenfell Tower
2018: Moorbrand im Emsland
2019: Brand von Notre-Dame in Paris
2020: COVID-19-Pandemie
2021: COVID-19-Pandemie und Flutkatastrophe in Deutschland
2022: COVID-19-Pandemie und völkerrechtswidriger Angriff/Krieg auf die Ukraine

An dieser Auflistung erkennt man, ein Leben mit vielen Geschehnissen, nahe und in der Ferne, aber auch familiäre persönliche, die hier nicht aufgelistet sind.

Prägende Geschehnisse waren auch der Mauerfall 1989. Für ihn war es unvorstellbar, dass Ost und West zusammen kommen. **Er und sein Ich** kannten den Westen gut, den Osten nur bedingt. Die vom Staat verordnete Unfreiheit war ihm fremd. **Er und sein Ich** kannten die vom Staat verordnete Freiheit, aber in einem unfreien Elternhaus, in einem freien Land, was ihn geprägt hat für sein Leben.

Er und sein Ich lebten in Freiheit und für die Freiheit. Unvorstellbar war, dass in der Coronakrise diese so schnell aufgegeben wurde und die Menschen sich diese fast widerstandslos nehmen ließen. **Er und sein Ich** sagen, Wachsamkeit ist angesagt, in Deutschland, in Europa und der Welt, Aufmerksamkeit für den Erhalt der Freiheit, der Demokratie und unsere erkämpften Werte der Menschenrechte.

Ein weiteres bewegendes Erlebnis war der 11.09.2011, als Terroranschläge das World Trade Center zum Einsturz brachten.

Nach beiden Ereignissen war die Welt nicht mehr die Welt wie vorher, gelernt hat der Mensch daraus bis heute nichts.

Von AIDS bis Schweinegrippe erlebte **Er und sein Ich** die Entwicklung und Ausbreitung von Bakterien und Viren, Epidemien und Pandemien.

Aus seinen Erfahrungen lehnen **Er und sein Ich** den sich immer stärker ausbreitenden Neokapitalismus ab. Die Wucherungen des Neokapitalismus sind kaum noch zu bremsen. Wenn die Lufthansa mit Millionen Staatsgeldern gerettet wird (auch wenn diese zurückgezahlt wurden) und 29.000 Mitarbeiter abgebaut werden, den geschädigten COVID-19-Urlaubern die Rückforderungsansprüche nur schleppend oder nicht ausgezahlt wurden, Steuern nicht in Deutschland, sondern in Malta gezahlt wurden, dann hat der Kapitalismus (Neo) den Sozialismus erreicht und steht mit dem ersten Sozialisten „Räuber-Schinderhannes" auf einer Stufe, nur umgekehrt. Schinderhannes stahl rechtwidrig bei den Reichen und verteilte es bei den Armen. Der Staat „stiehlt rechtswidrig" über Steuern bei den Berufstätigen und Steuerzahlern und verteilt es in den Kapitalismus. Schinderhannes hätte es den Solounternehmern, Künstlern, Kleinselbstständigen und dem Mittelstand gegeben, denn dort liegt die Kraft der sozialen Marktwirtschaft.

Das kapitalistische Denken setzt sich in allen Lebensbereichen fort. Die Tiere müssen leiden, werden qualvoll ausgebeutet bis zum Tod, ohne ein Leben vorher, Hauptsache, der Profit stimmt. Wenn in einem Schlachtbetrieb 40.000 Schweine an einem Tag geschlachtet werden, die Menschen unter unwürdigen, mit der Würde des Menschen nicht vereinbaren Bedingungen arbeiten und leben, nicht mal den Mindestlohn gezahlt bekommen, Coronahygienemaßnahmen ein Fremdwort sind und das Virus dann eine ganze Stadt, einen ganzen Kreis lahmlegt, dann hat nicht nur der Unternehmer versagt, nein, die ganze Gesellschaft hat ihr wahres Gesicht gezeigt. Die Wurst und das Fleisch, Hauptsache billig, hat ganz Deutschland und Teile der Welt verzehrt, mit Augen zu, Hauptsache Geschmack und Preis stimmen.

Tier- und Naturschutz ist ein Feind im Gewinnstreben. Die Gier und der Profit bestimmen den Alltag.

Er und sein Ich sagen, ein demokratisches System ist dann nicht mehr demokratisch, wenn die Gleichheit verletzt ist. Wenn der Mittelständler und Angestellte in der Progressionskurve prozentual einen hohen Steuersatz zu seinem Gewinn oder Einkommen hat und Großkonzerne durch Firmensitzverlagerung und Firmensplitting keine

Steuern in Deutschland zahlen, aber die Umsätze den deutschen Firmen nehmen, dann stimmt im System etwas nicht.

Ein demokratisches System hat auch dann versagt, wenn Hartz IV als Lebenseinrichtung ausgenutzt wird. Hartz IV ist eine soziale Leistung, die aus Steuergeldern, nicht aus bezahlten Versicherungsgeldern, gezahlt wird und darf nur dazu dienen, die Existenz kurzfristig in einer Notsituation zu sichern, aber keine Dauereinrichtung sein. Hier muss das System Alternativen bieten, dass der Hartz-IV-Empfänger nicht dauerhaft die Gesellschaft belastet. Das ist nicht nur sozial, denn jeder Mensch braucht eine Aufgabe, sondern auch gerecht.

Ein System hat auch dann versagt, wenn ein Rentner von seiner Rente nicht mehr leben kann. Es ist ein dramatisches Versagen der zuständigen Politiker, denn, kurz bei Adam Riese nachgefragt, wenn die Einnahmen zu den Ausgaben nicht passen und demografische Änderung nicht berücksichtigt werden, dann führen Kürzungen vielleicht zur Liquidität in der Rentenkasse, aber zur Armut beim Rentenempfänger. Die Rente muss mindestens das Lebensniveau sichern, was erarbeitet wurde, und darf nicht in die Existenznot führen.

Eine Gesellschaft hat auch dann versagt, wenn sie von ausländischen Arbeitskräften abhängig ist, sonst keine Ernte stattfinden kann, keine Massentötungen in den Schlachthöfen und viele andere Arbeitsbereiche keine Mitarbeiter hätten. Die Bestätigung des Versagens ist, dass in dieser Gesellschaft Rassisten und Ausländerfeinde leben, die nur durch die Ausländer überlebensfähig sind. Es ist ein Zeichen für moralisch ethische Erbärmlichkeit und geistige Dummheit.

Er *schrieb schon am 28.05.1998 zu einem Beitrag der Allgemeinen Zeitung Mainz, wie problematisch es für die Landwirte ist, wenn sie zum Spargelstechen deutsche Hilfen einstellen wollten. Dies war in dem Artikel „Null Bock auf Spargelstechen" zu lesen.*

Gelungen

Eine gelungene Recherche. Warum so vorsichtig? Gerade im Jahr der Bundestagswahl? Gleiche Erkenntnis hatte ich beim Spargeleinkauf. In den Sinn kam mir der Gedanke: „Lieb Vaterland schlafe ruhig weiter", Linke und Rechte schreien und werden aus Protest gewählt, doch wo bleibt der bürgerlich liberale Flügel? Selbstzerstörung, Personalkult und plakative Wahlversprechen. Demokratie in Deutschland, wach auf! Von nichts kommt nichts, auch im gemeinsamen Europa. Die Länder, die in Zukunft angeschlossen werden, sind bereits erwacht! Jedes Land isst seinen eigenen Spargel, der durch freie private, den Marktgesetzen unterliegenden Betrieben zum Verbraucher gelangt. Jedes Land sollte auch so fähig und leistungsstark sein, dass es seinen Spargel auch ernten kann. Ein Umdenken, ein Aufwachen ist dringend notwendig, dazu sind alle demokratischen Parteien aufgerufen, so kann es nicht weitergehen!

Es ging so weiter und wurde noch schlimmer.

Eine Gesellschaft hat auch dann versagt, wenn Kindes-missbrauch in Glaubenshäusern stattfindet und diese noch durch staatliche Gelder und Auftritte in den öffentlich rechtlichen Rundfunk- und Fernsehanstalten unterstützt werden. Alles zum Wohlstand der Kirche, für einen vom Menschen erfundenen Gott, zur Machtförderung und zum Vermögensaufbau, gegen die Menschen, nur für die Institution Kirche. Die Scheinheiligkeit und Verlogenheit des Glaubens ist das kapitalistische Spiel. Nur der Profit zählt.

Das Versagen der Gesellschaft soll hier nur beispielhaft erwähnt werden, denn es ist auf allen Ebenen erschreckend wo die Lücken sind, vom überzogenen unnötigen Militär-haushalt bis zu fehlenden Geldern für die Schulen, Spiel- und Sportplätze, IT-Ausstattung usw. Wenn eine Gesell-schaft lieber in Profifußballer und Großkonzerne investiert, statt die Bürger zu fördern und unterstützen, von unseren Kindern bis zu einer gesicherten Rente, von gerechten Sozialleistungen bis zu einem für jeden finanzierbarem Kran-kensystem, von tier- und artgerechter Haltung bis zu einem ökologischem umweltbewussten Leben und Wirtschaften, von einem absoluten Nein zu nationalistischem rassischem nazihaftem Denken, bis zu einem Nein zu geschlossenen Grenzen, dann hat diese Gesellschaft die staatliche demo-kratische Apokalypse bald erreicht.

Er und sein Ich sagen, es ist erschreckend, wie die Politik nicht für den Menschen, sondern gegen den Menschen stattfindet, dem System Kirche sehr nahe kommend. Krea-tivität und Mut, Entscheidungen zu treffen, auch wenn sie unpopulär sind, ein Fremdwort. Politik ist ein Job auf Lebenszeit geworden, da darf der Protagonist, der/die Politiker/in nichts falsch machen. Die Ergebnisse liegen in Deutschland, in Europa, weltweit vor uns, vor allem durch unfähige Politiker. Erschreckend ist mittlerweile, welche Politiker die Macht haben, wo jegliche geistige Voraussetzung fehlt.

… wenn eine SPD-Vorsitzende schreibt, „wir bringen das größte Konjunkturpaket der Nachkriegsgeschichte auf den Weg, als Antwort auf die größte Konjunkturkrise. Die Frage nach seiner Finanzierung wird sich stellen – sie heute zu stellen, wäre wirtschaftspolitisch grob unvernünftig …" (Twitter 09.06.2020)
Wenn die gleiche Person ihre hohen monatlichen Bezüge damit rechtfertigt: „Und ich zahle daraus nicht nur Steuern, ich kaufe davon auch jeden Tag ein. Wer finanziert jetzt wen?" (Focus online 26.06.2020)

… wenn ein ehemaliger SPD-Vorsitzender jetzt in der Fleischindustrie als Berater tätig ist, wo er Anfang 2015 als Politiker die Situation in den Schlachthöfen noch als katastrophal und unerträgliche bezeichnete, Schimpf und Schande für ein Land wie Deutschland übrig hatte und gegen die erbärmlichen Arbeitsbedingungen in den Schlachthöfen und gegen Werkverträge und Leiharbeit etwas tun wollte, für diese Beratertätigkeit 10.000 Euro monatlich zzgl. Reisevergütung erhält, wie das ARD-Morgenmagazin aufdeckte und er in Spiegel und Bild in die Attacke ging und rechtfertigte seine charakterlose miese Tätigkeit bei der Firma Tönnies, er ist ja kein Politiker mehr und 10.000 Euro sind für ihn und in dieser Brache nicht viel.

… wenn die gewählten Volksvertreter Millionen an Provisionen bei Corona durch Verkauf oder Erwerb von Masken erzielen, wo die Kontakte nur aus ihrer Funktion als Mandatsträger kommen …

… dann begegnet der Kapitalismus dem Sozialismus wieder, ob aus ökonomischer Unwissenheit, bewusst durchdachten Äußerung oder schlichtweg Überforderung, bleibt dahingestellt, ist aber auch für die entscheidende Analyse irrelevant …

… auch wenn die Partei denkt, sie wäre sozial oder liberal oder christlich.

Dieses Mäntelchen deckt dann den *Sozialismuskapitalismus* zu.

Er und sein Ich sagen, stoppt endlich, findet zum Menschen, zur Natur, den Tieren und allen Kreaturen wieder zurück, es ist schon genug Unheil angerichtet, sonst …

schließt der Letzte die Tür und sagt, das war's, Hauptsache, der Profit stimmt.

Er und sein Ich wollen, dass die Menschen endlich dagegen aufstehen, aufwachen, mitmachen, umdenken, für unsere Natur, für die Tiere, für alle Kreaturen und die Menschen. Der Anfang liegt beim Profit- und Gierdenken, dies muss beendet und durch ein neues Wir-Gefühl ersetzt werden.

Die Würde des Menschen muss beachtet werden, auch in Pandemiezeiten. Rassismus und Ausländerfeindlichkeit muss mit allen zur Verfügung stehenden Mitteln im Rechtsstaat unterbunten werden, für eine weltoffene Gesellschaft.

Lassen Sie sich von aktuellen Gedanken von **Er und sein Ich** überraschen. Viele kritische, nachdenkliche aber auch lustige Beiträge erwarten den Leser sowie schöne Fotografien.

Viel Spaß beim Lesen

Wünscht

Er und sein Ich

Aktuell 27.12.2021, 19:00 Sportschau 1
Strafverfahren gegen Vorstand des FC Bayern

Kapitalismus begegnet dem Sozialismus

Denke ich an den Kapitalismus
Denke ich an den Fußball-Bundesligisten FC Bayern
In dubio pro reo
Ein laufendes Ermittlungsverfahren
Verdacht auf Vorenthaltung und Veruntreuung von
Arbeitsentgelt
Nicht richtig Führen von Stundenaufzeichnungen
Nichtgewährung von Mindestlohn
Wer denke jetzt an die Profis – mit Millionengehalt
Der denke kapitalistisch falsch
Nein
Bei den kleinen Angestellten im Verein
Den Normalverdienern oder Unternormalverdienern
Die dann noch die Eintrittskarte für das Spiel der Profis
zahlen
Zur Förderung des Kapitalismus
Die reziproke Form des Sozialismus
Hier begegnen sich beide
Karl Marx und Schinderhannes wären überfordert
Hoffentlich ist der Rechtsstaat
Kein Fan der Profis des FC Bayern München
Neutral und unbefangen
Für die Demokratie und die Gerechtigkeit
Für unser Grundgesetz und unsere Rechte

Schinnerhannes

Wo Schinnerhannes
Einst durch die Wälder zog
Verbrecherisch raubte für gute Zwecke
Zieht heute der Holzer durch die Wälder
Raubt flächendeckend
Kahlschlag-Rodung mit absolutem Ende
Fürsorglich tötet der Jäger dann das Wild
Weil es keinen Unterschlupf mehr hat
Raubt der Mensch für die Gier
Genau so eine Verbrechenstat wie bei Schinnerhannes
Vor der Bestrafung durch die Natur
Fragt der Mensch
Woher kommt der Klimawandel
Für mich unverständlich
Schuld ist nur die Natur

Die Zeit ist Vergangenheit, Gegenwart und Zukunft

Das Licht des neuen Weges

In einer Tropennacht
Allein auf meiner Terrasse
Ich sehe die Dunkelheit
Über den Weinbergen
Aber auch die hellen Sterne
Den leuchtenden Mond
Über den Tälern und Hügel
Den rheinhessischen Hiwwel
Das Licht führt zu dem neuen Weg

Er und sein Ich

Dr. Rodolfo, Anwalt der Tiere, Katze Mimi und der Naturgeist

Sagen

Umdenken, Mitmachen, Aufstehen und Aufwachen

Bevor es zu spät ist

Und

Der Letzte die Tür schließt

Sagt

Das war's

Hauptsache, der Profit stimmt

Gesellschaftsfreude

Gesellschaftsfreude pur
40.000 Schweine am Tag geschaltet
Tagein, tagaus
14.400.000 im Jahr
Die Theken voll beim Discounter
Wen interessiert das Schwein
Wie es gelebt hat, wie es gestorben ist
Wie der Mensch, der Schlachter, lebt
Wie seine Arbeitsbedingungen sind
Die Würde des Menschen ist unantastbar
Auch nicht von einem Schwein
Schweinisch ist hier
Das Tier und der Mensch
Der Gier des Profits geopfert
Dass das Schwein und der Mensch
Lebewesen sind

Interessiert hier nicht
Moral und Ethik
An der Fleischtheke verkauft
Beim Fleischeinkauf
Billig war das Schwein
Billig war der Lohn des Schlachters
Konsument und Produzent
Sind sich einig
Der eine spart beim Konsumieren
Der andere maximiert den Gewinn
Eine brutalle Gesellschaft
Gegen Mensch, Tier und Natur
Ohne jegliches natürliche Gefühl

Er und sein Ich – Coronaflüchtlinge

Er und sein Ich – an einem schönen Juniabend im Freien überlegt er sich, bin ich ein Pessimist oder Optimist? Seine Gedanken kreisen um die Flucht von der Insel Fehmarn, im März 2020. Er verbrachte dort einige Urlaubstage, zu Beginn der Coronakrise.

Fast eine Woche Urlaub war vorbei. Samstags ging **Er** noch wie jeden Tag in das kleine Fischrestaurant, alles gemütlich, wie gewohnt. Sonntags hatte **Er** einen schönen Tag in Heiligenhafen und fuhr dann zum Essen. Die Tische waren auseinandergestellt, er bekam einen Zettel zum Registrieren. Erstaunt sah **Er** auf diesen und verstand zuerst den Zusammenhang nicht. Der nette Kellner erklärte dann, dass dies für die Nachverfolgung von der Corona Pandemie notwendig sei, um das Ansteckungsrisiko zu minimieren, durch Nachverfolgung der Kontakte. Mit der Registrierung fühlte **Er** sich sehr unwohl. **Er und sein Ich** haben fast eine Viertelstunde abgewogen, ob **Er** sich eintragen oder gehen sollte. **Er** entschied für einen Eintrag, weil der Hunger und Durst die Antwort mitbestimmten, die Gedanken sagten eigentlich nein. Ähnliche Gedanken spielen bei der Impfbereitschaft der Bürger eine Rolle, nicht nur der Schutz, die Bequemlichkeit wieder alles nutzen zu können, beeinflusst die Impfentscheidung extrem.

In seinem Ferienhaus hörte **Er** dann im Radio, das ab Montag keine Urlauber mehr nach Schleswig Holstein dürfen und den Anwesenden empfohlen wird abzureisen. Eine Nachbarin kam noch zu ihm und wollte wissen, wie **Er** das wertet. Am Montagmorgen dann die Aufforderung, bis abends die Insel zu verlassen. So schnell hatte **Er** noch nie ein Ferienhaus geräumt, sodass **Er** nicht in den Stau kommt, wenn alle Urlauber sich von den Nord- und Ost-seeinseln um Hamburg bei der Rückreise treffen. **Er** wurde von der Insel verjagt, **Er** war Vertriebener, Flüchtling. Das Schicksal kann im Leben jeden Menschen treffen. Flücht-linge oder Vertriebene kann es auf jedem Teil der Erde geben, deshalb müssen wir immer offen in diesem Thema sein und uns für die Freiheit und die Menschenrechte ein-setzen.

Ein Deutscher wird zum Vertriebenen, zum Flüchtling im eigenen Land, weil der Föderalismus und die Profilsucht der einzelnen Politiker – „wer ist der schärfste Hund" – vor der Vernunft und dem Wohl der Bürger kam. **Er** konnte sich selbst helfen, aber viele Vertriebe, viele Flüchtlinge auf der Welt können das nicht. Deshalb ist es unsere menschliche, ethisch moralische Pflicht zu helfen.

Unsere Grundrechte wurden binnen Stunden außer Kraft gesetzt und **Er** war Gefangener einer panischen Politik, die Deutschland in die einzelnen Länder gespaltet hat. Selbst wer ein Ferienhaus oder eine Ferienwohnung, also Eigen-tum an der Küste, hatte, durfte nicht mehr hin. Man sollte hier genau betonen, nicht die Grenzen zu unseren europäi-schen Nachbarn wurden außer Kraft gesetzt, nein es wurde föderale Landesgrenzen aufgebaut.

Er sieht die Bilder noch vor sich, wie **Er** von der Insel Fehmarn geflüchtet ist, die Bilder der gesperrten

Fehmarnsundbrücke mit dem Polizeiaufgebot, denkt auch an das Abschiedsgespräch mit den Vermietern, die die Ferienhäuser gerade im vergangenen Jahr fertig gestellt hatten und jetzt vor dem Ruin stehen, dann ist ihm bis heute, jegliche Lust auf Urlaub vergangen. Als er die Brücke überquerte, dachte **Er**, bei dem Polizeiaufgebot, Krieg wäre ausgebrochen, es hat nur das Militär gefehlt.

Sein Ich sagte ihm, **Er** argumentiert schon wie ein Politiker. Politiker lieben die Kriegsmetaphorik, um sich als Feldherr zu präsentieren. Sie reklamieren und fordern die unumschränkte Befehlsgewalt und wollen so mit ihrer Macht das Volk schützen. Man denke an das Ermächtigungsgesetz in Ungarn, die Aufgabe der Rechtsstaatlichkeit in Polen, aber auch an die Einschränkungen des Grundgesetzes, an die Außerkraftsetzung des Schengenabkommens und an die Ländergrenzen plötzlich mitten in Deutschland.

Er sagt sich, ein Virus ist aber kein Feind und man kann ihn nicht zur Kapitulation zwingen. Die Infektion hat alle Staaten der Welt gleichermaßen betroffen. Kriege werden aber zwischen Staaten geführt.

Sein Ich sagt ihm, stimmt und wenn, wäre es ein Krieg gegen die Natur, da die Coronaviren ein Teil unserer Umwelt, ein Teil der Natur sind. Einen Krieg gegen die Natur kann der Mensch nicht gewinnen, weil er damit seine Menschlichkeit verlieren würde. Krieg ist der falsche Ansatz. Ein Krieg zerstört die Infrastrukturen, tötet Menschen, Tiere und Teile der Natur wegen strategischer Ziele. Ein

Infekt tötet nur zufällig und hinterlässt keine materiellen Spuren.

Er sagt sich, es ist ein Virus, kein feindlicher Angriff. Die Politiker haben in Panik überreagiert. In deutschen Krankenhäusern wurden in der Coronakrise weit über eine Million Behandlungen weniger durchgeführt als üblich. Es gibt Fälle von verschleppten, nicht mehr korrigierbaren Beschwerden, aber auch Sterbefälle. Das Verhältnis zwischen Kollektiv und Individuum wurde nicht beachtet. Es entstand der Eindruck dass nach der Notlagenphilosophie – Junge vor Alten, Gesunden vor Kranken (dieser Grundsatz wird gerne auch umgekehrt aufgezählt) – gehandelt wurde. Nach unserem Grundgesetz, Art. 1, nimmt aber nicht das Leben an sich, sondern die Würde des Menschen den einzigen absoluten Rang in der Werteordnung ein und dieser Artikel wurde nicht außer Kraft gesetzt. Die Triage wurde schon diskutiert.

Sein Ich stellt die Frage, du meinst, es hängt vom Verhältnis zwischen Kollektiv und Individuum ab, also zwischen der Nation als Ganzem und der einzelnen Persönlichkeit. Der „Leviathan" ist unsterblich, seine Glieder nicht. In einer Krise muss man sich dieser Herausforderung stellen und genau da liegt das Problem der handelnden Politiker. Die Corona-Maßnahmen galten dem Schutz der Großeltern, unter Außerachtlassung der anderen notwendigen Maßnahmen. Schnell waren wir bereit, auf vieles zu verzichten, auf unsere Regeln im Grundgesetz, auf die Freiheit, auf die Bildungsherausforderung unserer Kinder, aber auch auf den Kampf gegen den Klimawandel, der für unsere Kinder und Enkel ist. Alle Maßnahmen von den notwendigen Operationen über die Bildung der Jugend bis zum Klimawandel wurden aufgegeben und die Menschen eingesperrt, ohne richterliches Urteil.

Er sagt sich, erstaunlich ist auch, dass der Verein, der immer durch Beten Positives erreichen will, hier sprach- und machtlos war und sich sogar hinter Verschwörungstheorien versuchte zu verstecken. Hinter verschlossenen Türen haben sich die Vertreter Gottes auf Erden Gedanken über das Virus gemacht.

Am 20.03.2020 habe ich in N-TV die unglaubliche Antwort, die an Scheinheiligkeit und Hokuspokus nicht zu übertreffen ist, gelesen:

„Die Katholische Kirche will allen mit dem Coronavirus infizierten Gläubigen die Sünden erlassen – wenn sie zuvor einige Bedingungen erfüllen. Laut dem von einem vatikanischen Gericht veröffentlichten Erlass müssen die Betroffenen unter anderem an einer Reihe von online übertragenen Gottesdiensten oder an anderen Andachtsformen teilnehmen, um ihren „Geist völlig von der Sünde gelöst“ zu haben.
Auch die Bibellektüre kann demnach Sünden streichen, wenn Sie „mindestens eine halbe Stunde“ umfasst.
Absolution erhalten auch alle Katholiken, die sich unter der Gefahr einer eigenen Ansteckung um Corona-Patienten kümmern, sowie solche, die ausgiebig für die Erkrankten und ein Ende der Pandemie beten.

Sterbende, die „im Laufe ihres Lebens regelmäßig einige Gebete gesprochen haben", werden ebenfalls von ihren Sünden freigesprochen, wenn sie dies wünschen."

Er hat diese Zeile schon einmal zur Diskussion gestellt. Sorry – „wer so etwas verfasst und daran glaubt, kann in einer solchen Krise nicht von dieser Welt sein", wenn beten hilft, vielleicht dieses einmal prophylaktisch einsetzen, dass solche Ereignisse nicht entstehen. Beten nur, wenn die Katastrophe eingetreten ist, ist moralisch verwerflich, mit Leid und Tod der anderen gespielt, ohne jegliche Wirkung.

Er hat auch das Thema in einem einen Brief, bzw. einer E-Mail vom 30.04.2020 an unsere Bundeskanzlerin, Frau Dr. Merkel, geschrieben.

Sehr geehrte Frau Bundeskanzlerin Dr. Merkel,

wie die Presse bereits im Vorfeld mitteilt, sind vor dem Corona Gipfel Ihres Hauses bereits erste Entscheidungen gefallen.
Die Kontaktsperre wird bis 10. Mai 2020 verlängert. Ein schwerer Eingriff in Art. 1 des Grundgesetzes, der einer Begründung bedarf, denn wenn die Glaubensfreiheit, Art 4 GG, vor der Würde des Menschen steht, denn die Kirchen dürfen ab Sonntag öffnen, dann ist die Verlängerung der Kontaktsperre nicht mehr mit unserem Grundgesetz vereinbar, auch wenn diese Entscheidungen der Kirchenöffnungen von den Ländern getroffen wurden.
Als Bundeskanzlerin sind Sie diesem verpflichtet, auch wenn die Gesundheit der Menschen hier vor geht, dann

darf es aber keine Ausnahmen für besondere Gruppen ge-
ben, die nicht für die Gesundheit der Menschen dienen.
Ihrer geschätzten Antwort sehe ich erwartungsvoll ent-
gegen.

Mit freundlichen Grüßen

Die Nichtantwort hat ihm die Antwort auf unsere heutige
Gesellschaft und den Umgang mit den Bürgern von politischer Seite gegeben. Frau Dr. Merkel hätte schon aus
ihrem Amt und ihrer Verantwortung antworten müssen.
Aber in unserer Demokratie des 21. Jahrhunderts ist dieses
Verständnis nicht mehr vorhanden. Eine grundlegende Re-
form der demokratischen Strukturen und des Verständnisse
ist dringend notwendig, denn unsere Demokratie muss erhalten bleiben, eine bessere Staatsform ist derzeit nicht in
Sicht, noch wird es so schnell eine bessere Staatsform geben, sie ist alternativlos.

Er sagt sich, genau so wurde auch die Coronakrise ange-
gangen. Antworten nein, aber knallharte Maßnahme gegen
die Werte unserer Verfassung und die Würde des Menschen.

Sein Ich sagt ihm, die Würde des Menschen ist auch dann
nicht beachtet, wenn eine funktionierende Wirtschaft so
heruntergefahren wird, dass ein Schaden entsteht, der nicht
aufzufangen ist.

Er ergänzt seine Gedanken, ein vorsätzlicher Schaden entsteht, der jetzt mit einem sehr fraglichen Rettungspaket, ein

Rettungspaket zur Stärkung des Neokapitalismus, behoben werden soll. Aber genau hier liegt das Problem. Bei Entscheidungen, auch Krisenentscheidungen, sollte man immer über den Gartenzaun denken. Stellen wir uns einmal vor, eine neue extreme Krise kommt, dann noch eine, was bei diesen Naturzerstörungen und Tierausbeutungen nicht ausgeschlossen ist, dann fällt mir nur der „Fastnachtschlager von früher ein – „Wer soll das bezahlen", das Coronahilfspaket zahlen jetzt schon unsere Enkel, eine Erblast, mit der wir in die Freiheit unserer Zukunft eingreifen. Zu diesen Themen später weitere Ausführungen.

Eine Wirtschaft kann man so nicht an die Wand fahren, das ist ein vorsätzlicher Schaden, der hier von politischer Seite ohne Vernunft und Weitblick angerichtet wurde, und Stärkung des Neokapitalismus.

Sein Ich sagt ihm, dass das Problem bei den handelnden Politikern weltweit liegt, sie haben nicht die Fähigkeit, die Themen und Probleme der Zeit zu erfassen, den Mut zu Entscheidungen. Jobsicherung geht vor. Es darf keine Berufspolitiker geben, Politik ist ein Job auf Zeit, insbesondere in einer Demokratie, nicht mehr und nicht weniger, und in dieser Zeit müssen Entscheidungen getroffen werden.

Er fragt sich, hat die Coronokrise auch was Positives?

Sein Ich sagt ihm – so kann es nicht mehr weitergehen. Der Mensch zerstört sich selbst. Corona hat hier eine Warnung abgeben. Das Virus ist noch nicht die Apokalypse, es ist eine weitere, jetzt in extremer Form, eine Aufforderung an den Menschen, stopp zu sagen. Der Massentourismus mit extremem Umweltschaden und menschenunwürdigen Orgien, die Überdüngung der Felder, das ungebremste weitere Menschheitswachstum, die Massentierhaltung für unkontrollierten Fleischkonsum, das Gier- und Machtstreben, der Neid, ökonomisches Wachstum gegen unendlich, das Sterben der Regenwälder, die Abholzung der Wälder, die ausufernden Großveranstaltung, das immer Mehr und Weiter und vieles mehr muss gestoppt werden. Corona war die Bremse. Hoffen wir, dass ein „wie vor Corona" nicht mehr anläuft und aus dem Bremsen das Aus folgt für das alte Leben.

Der Start für ein neues Leben.

Die italienischen und anderen Häfen zeigen schon positive Auswirkungen. Der Delfin ist zurückgekehrt, er hat sich seinen natürlichen Lebensraum zurückgeholt. Die in den Häusern eingesperrten Menschen finden wieder zu einem Miteinander. Sie erleben ein Gemeinschaftsgefühl, wie sie es lange nicht mehr erlebt haben – ein neues Gemeinschaftsgefühl.
Die Erde atmet plötzlich wieder auf. Der Himmel ist blau und mit der Einschränkung des Flugverkehrs können in China Kinder zum ersten Mal diesen sehen. Ein Flugverkehr, der durch den Massentourismus und das Kaufverhalten immer mehr und mehr wurde. Es ist nicht notwendig dass wir jedes Obst und Gemüse zu jeder Jahreszeit haben, was dann über tausende von Kilometern eingeflogen wird,

es ist auch nicht notwendig, die Produkte, die wir regional erzeugen können, von irgendwo auf der Welt zu holen.

Die Schließung von Kindergärten und Kitas war zwar eine große Herausforderung, aber viele Familien haben sich anders kennengelernt und wurden selbst kreativer, selbstbestimmender und atmeten auch einmal durch.

Die Wirtschaft wurde geschädigt. Anderseits erkennen wir, was wirklich wichtig ist im Leben. Das ständige Wachstum, das Mehr und Weiter ist eine absurde Idee der Konsumgesellschaft, des Kapitalismus. Das Marionettentum der Menschen, die Sklaven der Wirtschaft wurden, ist gestoppt. Wir brauchen weniger, als wir denken. Der Satz stimmt:

Weniger ist Mehr.

Die Erde, die Menschen, die Natur, atmet auf und zeigt durch Corona immer mehr, wie weit wir in unserem Leben von Moral und Ethik Abstand genommen haben. Corona hat die massenhafte Schlachterei, die Qual der Tiere, die unwürdigen Arbeits- und Lebensbedingungen der Arbeiter aufgedeckt.

Corona ist ein Ansatz zum Umdenken, zum Ändern.

Er sagt sich, an Corona ist auch etwas Positives. Man muss die Pandemie mit Optimismus angehen, die Nachteile überwinden und das positive im Ergebnis umsetzen.

Gelernt hat **Er** aus der Krise, Vorsicht, wir dürfen unsere Werte des Grundgesetzes so schnell nicht aufgeben. Wir sollten nie vergessen, dass diese in Deutschland vor nicht allzu langer Zeit sehr schnell aufgegeben wurden, für einen Verbrecher, wo ein ganzes Volks zu Verbrechern wurde, was dann zu einem nicht fassbaren Unheil führt. Die Wurzeln für braunes oder linkes Verbrechen in Deutschland sind noch nicht abgestorben.

„Unser Grundgesetz rechtfertigt keinen sozialen Tod", wie Professor Hufen von der Johannes-Gutenberg-Universität in Mainz zum Thema „Alte in Altersheimen wegen Corona wegsperren" schrieb, und ich ergänze:

Unser Grundgesetz rechtfertigt weder einen sozialen, ökonomischen Tod, einen Bildungsschaden unserer Kinder, eine Schuldverlagerung auf die Enkel noch Einschränkungen der Freiheit, die durch gezielte Maßnahmen an den Virusherden bekämpften werden konnten.

Grundgesetz für die Bundesrepublik Deutschland

Art 1

(1) Die Würde des Menschen ist unantastbar. Sie zu achten und zu schützen ist Verpflichtung aller staatlichen Gewalt.

(2) Das Deutsche Volk bekennt sich darum zu unverletzlichen und unveräußerlichen Menschenrechten als Grundlage jeder menschlichen Gemeinschaft, des Friedens und der Gerechtigkeit in der Welt.

(3) Die nachfolgenden Grundrechte binden Gesetzgebung, vollziehende Gewalt und Rechtsprechung als unmittelbar geltendes Recht.

Ergänzende Corona-Gedanken

Corona-Maskenball

Un ballo in maschera
Oper von Giuseppe Verdi
Im leeren Spielhaus ohne Ton
Corona-Maskenball
Mit Abstandsmetermaß
Beim Einkaufen und Shopping
Maskenpflicht
Jeder Bürger ein potenzieller Gefährder
Soziale Kontakte der Maske geopfert
Frischluft ersetzt durch eigene Verbrauchte
Zweifelhafter Eigenschutz
Gedacht als Mitmenschenschutz
Mit angelaufenen Brillengläsern
Zu Boden gestürzt
Die Würde des Menschen ist (un)antastbar

Corona-Blues

Ich höre Satchmo
What a wonderful world
Eingesperrt im Home Office
I see trees of green, red roses too
Die Bäume und Rosen sah ich vor Corona nicht
I see them bloom for me and you
Die blühten vor Corona auch, ich war blind
And i think to myself what wonderful world
Das hat mich Corona gelehrt
I see skies of blue und clouds of white
Blauen Himmel und weiße Wolken gab es vor Corona auch
The bright blessed day, the dark sacred night
Warum lebte ich vor Corona nur in der Nacht – just for fun
And i think to myself what a wonderful world
Das hat mich Corona gelehrt
The colors of the rainbow so pretty in the sky
Warum sah ich das vor Corona nicht
Are also on the faces o people going by
Das kann ich nicht sehen, nur Coronamaskierte
I see friends shaking hands saying how do you do
Ich sehe Menschen, die sich per Arm begrüßen
They're really saying i love you
Die Menschen haben sich wieder lieben gelernt
I hear babies cry, i watch them grow
Endlich stören mich die Kinder nicht mehr, ich sehe sie
They'll learn much more than i'll never know
Jetzt lernen diese Kinder mehr als wir
And i think to myself what a wonderful world
Das hat mich Corona gelehrt

Yes i think to myself what a wonderful world
Ich sehe die Welt und ihre Schönheit wieder
Corona hat mich geweckt
Erhalten wir diese Welt
Zerstören wir sich nicht wie vor Corona
Satchmo, das hast du richtig erkannt
What a wonderful world

Corona-Sterben

Menschenleben schützen
Eifrige überfordere Politiker
Krankenhäuser für Corona geräumt
Termine bei Ärzten reduziert
Andere Krankenheit per Gesetz ausgeschlossen
Coronatote darf es nicht geben
Virologisch stündliche Corona-Verschlechterung
Neue Forschungsergebnisse im Minutentakt
Virologische Hoffnungslosigkeit
Persektive: keine
Jeder Tote jetzt ein Corona-Toter
Normales Sterben politisch ausgeschlossen
Suizid-Gefahr verboten
Den Verstand dem Virologen geopfert

Bedingte Freiheit

Vor einem Jahr, 2019, noch in Freiheit
In bella Italia Capri Amalfiküste Apulien
Traumhafte Wochen noch in Freiheit
So schnell ändert sich das Leben
Fest im Coronagefängnis 2020
Fast alle Grundrechte außer Kraft gesetzt
Im März vertrieben
Von der Ostseeinsel Fehmarn
Auf der Flucht aus Schleswig-Holstein
Im eigenen Haus eingesperrt
Maskiert in die Öffentlichkeit
Homeoffice wie immer
Stillstand zum Nachdenken
Die Natur sagt stopp
Ein weiter so ist vorbei
Meine Zerstörung muss beendet werden
Der Massenord in der Fleischindustire verboten
Die Tiere geschützt
Für ein gemeinsames Leben
Natur, Mensch, Tier und alle Kreaturen

Auslandsdeutsche

Saufen rülpsen kotzen
Nonstop Sex
Überall und mit jedem
Widerlich verkommen
So benimmt sich kein Tier
Auch nicht auf Mallorca
Corona sollte es lehren
Maske ab auf Malle
Party pur
Die Doofheit kennt keine Grenzen
Zurück vom Mittelmeer
Im deutschen Alltag
Rassistisch gegen Ausländer
Ausländer kennen keinen Anstand
Dummheit kennt keine Grenzen
Doofheit plus Dummheit
Gleich Hoffungslosigkeit
Ein Leben für den Egoismus

Todesrettung

Altersbedingt den Tod vor Augen
Eingesperrt ohne Verurteilung
Im Altersheim-Gefängnis
Besuchsverbote wie bei Schwerverbrechern
Es schützt der Staat mich vor dem Tod
Corona überlebt
Altersbedingt doch gestorben
Während Corona den Gesellschaftstod
Danach den natürlichen.

Download Lockdown

Wir sind download
Im Corona lockdown
Update der Natur erforderlich
Stoppt die Unfähigkeit der Politiker
Erkennt die Ursachen
Sonst führt das Update
Zum totalen Crash
Ein Update zum Umdenken
Ein Stopp des Weiter so
Ein Update zurück
Zur Gemeinschaft
Mensch, alle Lebewesen und Kreaturen
Gemeinsam mit der Natur
Ein Ende der Solonummer Mensch in der Natur

Spaß geht vor

Mallorca Ballermann
Bulgarien Sonnenstrand
Kroatien, Serbien, Türkei
Wolfgangsee
Überall Spaß in großen Menschenmengen
Vierzehn Tage Urlaub, das muss sein
Corona muss Verständnis haben
Quarantäne, Schulschließungen inklusive
Bildungsdefizite für die Zukunft
Hauptsache Spaß
Im Winter dann die Fastnacht
Ein Leben für den Egoismus
Macht auch vor Corona nicht Halt
Ist dann alles zerstört
Scheidet der Tod den Egoisten
Und just for fun

Coronaschnee

Weiße Flocken fallen herunter
Verpacken die Natur
Austausch grau gegen weiß
Eine Einladung ins Weiße
Kommt zu mir und genießt
Stärkt euch für die Gesundheit
Ruft die Natur
Polizei und Ordnungsamt
Sperren ab
Corona Virusgefahr in der Luft
Bleibt zu Hause
Eingeengt im Hause
Lüftet ständig gegen das Virus
Mit gleicher Luft wie in der Natur
Dann erkrankt ihr nicht am Virus
An der Einsamkeit und Bewegungsmangel
Sterbt an Verzweiflung den Virustod
Fallzahlen gestiegen trotz Ausgangsperren

Der Letzte Ungeimpfte

Im Kanzleramt in Berlin wird zum Krisengipfel geladen. Der letzte Ungeimpfte, Unimpfi genannt, läuft in Deutschland frei herum. Die Bundesregierung sieht die Gefahr der Ansteckung der gesamten Bevölkerung, weil die Sicherheit und Wirkung des Impfstoffes nicht absolut geklärt ist. Nach einer langen Nachtsitzung geben die Politiker eine Pressekonferenz.

„Der nationale Notstand muss ausgerufen werden, bis Unimpfi gefunden ist und in Sicherheit gebracht oder geimpft. Juristisch ist das ein Problem. Weil es keine Impfpflicht gibt, bleibt nur lebenslange Haft, wenn er gefasst ist. Haft ohne Gerichtsprozess und Urteil, nur nach dem Infektionsschutzgesetz. Alle Bürger sind aufgerufen, Unimpfi zu fassen, aber nur mit absoluter Schutzkleidung, die dann sofort verbrannt werden muss. Die Bundesregierung richtet einen Notruf ein, der sieben Tage die Woche 24 Stunde besetzt ist, bis er verhaftet ist."

Unimpfi wird im Berchtesgaden gesichtet. Die bayerische Staatskanzlei lässt direkt alle Grenze zum Ausland und Inland schließen. Kein Bayer darf Bayern im In- oder Ausland verlassen, keiner darf mehr in den Freistaat. Berchtesgaden wird komplett evakuiert und es wird begonnen, die ganze Stadt zu desinfizieren.

Zwischenzeitlich prüft Berlin die Rechtsanwendung der Vogelfreiheit, oder auch Wolfsfreiheit genannt, aus dem Mittelalter. Ergänzt man das Infektionsschutzgesetz um diese Regelung, kann Unimpfi vom jedem gejagt werden, gefangen genommen und sogar getötet. Kein Bürger darf ihm dann Unterschlupf gewähren oder er macht sich selbst strafbar. Ihm darf alles weggenommen werden. Ist er verheiratet wird seine Frau zur Witwe erklärt. Dies wäre ein sehr gefährlicher Zustand für Unimpfi und er würde bestimmt aufgeben und sich impfen lassen.

Unimpfi hat es geschafft Bayern zu verlassen. Die Staatskanzlei gibt eine Pressekonferenz, dass das Unmögliche möglich geworden ist, dass er den absolut gesicherten Freistaat verlassen konnte, ohne gefasst zu werden. Hier ist der Beweis, welche Gefahr von ihm ausgeht. Zur Gefahrenabwehr wird verfügt, dass kein Bayer mehr sein Haus oder seine Wohnung verlassen darf, alle Bürger müssen 24 Stunden und 7 Tage die Woche im Wohnraum bleiben. Für Ernährung, Hygiene usw. ist jeder Bürger selbst verantwortlich. Die Gesundheitsämter werden Kontrollen durchführen. Hätte Bayern genug Schutzbunker, müsste die gesamte Bevölkerung in die Bunker.

Unimpfi wird in Baden-Württemberg gesichtet. Er ist mit einem Rucksack im Discounter und versorgt sich mit Lebensmittel. Die Landesregierung in Stuttgart reagiert sofort und lässt alle Geschäfte schließen. Sämtliche Lebensmittel der Discounter im gesamten Land müssen vernichtet werden. Die Bürger sind für ihre Versorgung selbst verantwortlich, so regelt es das kurzfristig erlassene Gesetz zur Bekämpfung der Gefahr von Unimpfi.

Berlin ist in tiefer Sorge für das Wohl der Bevölkerung und

richtet einen Krisenstab ein. Alle Generäle der Bundeswehr sind in diesen verpflichtend geladen worden. Die im Auslandseinsatz befindlichen Militärs werden abgezogen, zur Landesverteidigung gegen Unimpfi, die nationale Sicherheit geht vor.

Unimpfi wurde im Kölner Dom gesichtet. Der Bischof von Köln, studierter gläubiger Christ, hat den Teufel in der Person von Unimpfi gesehen. Er verfügt, dass alle Kirchenglocken Tag und Nacht läuten, zur Teufelsaustreibung. Er ruft alle Gläubigen dazu auf, vierundzwanzig Stunden am Tag zu beten, dass Unimpfi gefasst wird. Die Frage, warum Gott Corona zugelassen hat, kann er nicht beantworten. Alle Pfarreien weist er an, die Teufelsaustreibung nach dem Kirchenrecht durchzuführen, mit Gottes Hilfe. Unimpfi findet das merkwürdig, wieso jetzt Gott helfen soll und kann, wenn er vorher bei der Pandemie nicht helfen konnte oder wollte. Er hat mittlerweile Durst und geht in die Kölner Altstadt ein Kölsch trinken. Ein Pfaffe hat ihn gesehen und verständigt nicht Gott, seinen Chef, sondern die Landesregierung. Diese verfügt kurzfristig die Schließung der Altstadt und des Domes. Ergänzt wird der Erlass, mit der Vernichtung des gesamten Kölsch, zur Eindämmung des Infektionsrisikos, denn Unimpfi hat ein Kölsch getrunken.

In Berlin überschlagen sich die Ereignisse. Der Gesundheitsexperte einer sogenannten sozialdemokratischen Partei fordert die Bevölkerung zur Bewaffnung auf. Er hat in der Nacht einen Western mit John Wayne gesehen und dieser hat in Kansas City bei einer ähnlichen Situation das Thema geklärt, durch Waffenausstattung aller Bürger. Die Bundesregierung nimmt den Vorschlag dankend auf und gibt ihn in die Gremien zur Prüfung.

Unimpfi musste seine Finanzen aufbessern und half in Rheinland Pfalz in der Traubenernte. An der Nahe erntete er unerkannt mehre Tage Trauben, bis ein Urlauber ihn denunzierte. Noch in der Nacht handelte die Landesregierung zur Gefahrenabwehr und ordnete an, dass sämtliche Trauben in Rheinland-Pfalz vernichtet werden sowie alle Weinbestände. Alle Rebstöcke müssen verbrannt werden und die Felder neu angelegt. Unimpfi ist immer noch frei. Unverständlich für die Landesregierung mit diesem geschichtlichen Hintergrund. Schinderhannes wurde auch gefasst.

In Berlin ist die Prüfung der Bewaffnung der Bevölkerung beendet. Alle Waffenlieferungen werden gestoppt, Produktion nur noch von Gewehren und Revolvern für die eigenen Bürger. Die Bundeswehr bekommt den Befehl, die Bürger an den Waffen auszubilden. Der Arbeitsminister entbindet alle von ihrer Arbeit. Der Finanzminister sichert Lohnfortzahlung zu. Die Linken sagen, wir müssen jetzt handeln. Wo das Geld herkommt, können wir später klären.

Eine große deutsche Zeitung berichtet in breiter Aufmachung über die neuen Regelungen. Unimpfi wundert sich über die Aufmerksamkeit, die ihm zu Teil wird, da er doch nur sein Recht auf Freiheit, freie Entscheidung bei keiner Impflicht nutzt, was grundrechtlich geschützt ist.

Berlin ergänzt das Infektionsschutzgesetz. Unimpfi ist jetzt vogelfrei.

Als er die neuen Regelungen sah, dachte er an Kirchenasyl. Hat diesen Gedanken aber dann direkt verworfen, da die Kirchen schon viele Vogelfreie ausgeliefert haben oder auch in den Kirchenhäusern ermorden ließen. Kirche und Gewalt ist in der Geschichte kein Gegensatz, sondern „Synonym". Er entscheidet sich für einen Asylantrag an die Natur.

Die Natur gab diesem Antrag statt und hat ihn aufgenommen. Mit Klängen des Panikorchesters von Udo Lindenberg ist er in die Natur umgezogen und lebt jetzt wie Zarathustra in den Bergen.

Er kommt in unterschiedlichen Abständen zurück und sieht, wie die noch lebenden Geimpften leiden.

Berlin nimmt die absoluten Notstandsmaßnahmen nicht zurück. Die Deutschen sterben jetzt nicht mehr an Corona, sie verhungern und verdursten. Alle Lebensmittel sind aufgebraucht und die Produktion zum Schutz gegen Unimpfi immer noch gestoppt. Ein Freedom Day wird abgelehnt, sonst müsste man den Bürgern die Grundrechte zurückgeben, wie kann man das begründen, nach der fraglichen Wegnahme der grundgesetzlich geschützten Rechte, nicht durch das gewählte Parlament, sondern durch Bundes- und Landesminister ohne parlamentarische Legitimation zur Einschränkung des Grundgesetzes, was nur die gewählten Vertreter in mehrheitlicher Abstimmung können und hier auch sehr eingeschränkt. Unimpfi ist kein Impfgegner, aber ein absoluter Befürworter unseres Grundgesetzes, der Menschenrechte und der Demokratie. Für ihn gibt es keine bessere Staatsform als die Demokratie, verbesserungs- und anpassungsfähig an die neuen Zeiten, aber keine Zerstörung. Er sieht in den Coronamaßnahmen eine große Gefahr für die Demokratie. Die Menschen gewöhnen sich schnell daran, Vorgaben einzuhalten, statt Eigenverantwortung zu übernehmen.

Also sprach Unimpfi, wie sein Vorgänger Zarathustra, viel krankes Volk gibt es dort, wo die Vernunft der Bevölkerung Unvernunft ist und die Politiker zur Klärung nicht an der Unvernunft ansetzen, sondern mit Verboten arbeiten und die Eigenverantwortlichkeit wegnehmen. Mit Vernunft und Eigenverantwortlichkeit kann man in Freiheit auch eine Pandemie bekämpfen.

Damit ist auch die Frage der Regierung beantwortet, was haben wir falsch gemacht, bei so viel Hungertoten, und keiner stirbt mehr an Corona, obwohl wir alle als Coronatote registrieren, denn die Statistik lügt nicht.

Impffrei

Freiheit der Entscheidung
Für eine oder keine Impfung
Aber nicht für eine Einschränkung
Der Grundrechte bei Nichtimpfung
Da greift der Schutz des Grundgesetzes
Gleichheit für Geimpfte und Nichtgeimpfte
Freiheit für die Entscheidung ohne Hintertür
Für oder gegen eine Impfung

Impfmarathon

Im Impfmarathon
Impfen wir für die Impfung
Die zweite Impfung
Für die Wirksamkeit der ersten
Boostern dann
Für die Wirksamkeit der Zweiten
Danach dann die nächsten Impfungen
Immer eine mehr für die Wirksamkeit
Der Vorherigen
Bis in die Unendlichkeit
Der Zerstörung des Immunsystems
Im Impfmarathon
Die Menschheit umgewandelt
Zum chemisch durchgeimpften Menschen
Die Natur ist machtlos
Die menschlich chemische Apokalypse in Sichtweite

Der Tod ist ein Irrtum des Lebens

Baumbruch – Freiheitsbruch

Verwirrte Freiheitsgedanken

Verwirrt sind meine Gedanken
Im Karussell des Denkens
Frei sind sie
Ist es noch die gleiche Freiheit
Kann sich Freiheit ändern
Ohne zur Unfreiheit zu werden
Oder ist es die Freiheit der Unfreiheit
Hinter Masken und kontaktlos
Waren wir blind geschützt
Bis zur Freiheit der Unfreiheit
Ein Verlust, der viel zu spät bemerkbar wurde

Neuer Freiheitsbegriff

2016 schrieb **Er** ein Buch „Anthologie – Gedichte, Gedanken ein Plädoyer für die Freiheit" (in folgendem Freiheit genannt) – Ideologie – gestrichen.

*Auf Seite 50 sah **Er** den Geist von Hambach. **Er** roch den Duft der Freiheit. **Er** sah aber auch die Dummheit des Mobs, den braunen Duft.*

Was hat sich 2021 geändert? Ist es noch die gleiche Freiheit wie 2016? Der brauen Mob hat sich verbreitet und verbündet, mit Coronaleugnern!

*Er hat auf der gleichen Seite weitergeschrieben. „Vor einigen Tagen stand **Er** auf den Stufen des Hambacher Schlosses. **Er** stellte sich vor, wie 30.000 Menschen 1832 im Mai ohne Navigation, ohne Sitzheizung, ohne bequemes Fahrgerät anreisten, Deutsche, Polen, Franzosen. Anreisten zur Massenkundgebung für die Freiheit. Die Menschen wussten, was Unfreiheit ist. Dieses Wissen fehlt heute völlig. Die Folge ist leichtfertige Aufgabe der Freiheit, für Kleinstaatlichkeit und Besitzstandswahrung. Die Dummheit versucht hier, einen Sieg über die Vernunft der Freiheit zu führen. Diesen Sieg dürfen wir nicht zulassen. Es hat lange gedauert, bis das Pflänzchen Freiheit angewachsen war. Zerstören wir es jetzt, kann es nur aus der Unfreiheit und dem Kampf für die Freiheit wieder eingepflanzt werden. Das Blut der Revolution wird dann wieder fließen. Dem ist entgegenzusteuern, auch bevor wir etwas Besitzstand aufgeben müssen."*

Seite 10 Freiheit

Freiheit *muss man erkennen*
*Wer in Un***freiheit** *aufwächst*
Erkennt die **Freiheit** *nicht,*
Freiheit *ist ein Lernprozess*

Ein Plädoyer für die Freiheit. Kein Gedanken an Corona. Haben wir jetzt einen anderen Begriff von Freiheit?

Auf Seite 47 von Freiheit schrieb **Er:**

Freiheit ist keine Ideologie

Freiheit ist keine Religion

Freiheit ist kein Glaube

Freiheit ist ein Naturzustand

Freiheit ist Leben

Freiheit ist nur mit

Freiheit zu schützen

Corona hat uns das Leben genommen, das Leben der Freiheit, zum Schutz des Lebens vor dem Tod durch Infektion mit dem Virus.

Corona hat den Begriff Freiheit in ein anderes Licht gerückt, als wir ihn kannten.

Art 2 GG (Grundgesetz)

(1) Jeder hat das Recht auf die freie Entfaltung seiner Persönlichkeit, soweit er nicht die Rechte anderer verletzt und nicht gegen die verfassungsmäßige Ordnung oder das Sittengesetz verstößt.

(2) Jeder hat das Recht auf Leben und körperliche Unversehrtheit. Die Freiheit der Person ist unverletzlich. In diese Rechte darf nur auf Grund eines Gesetzes eingegriffen werden.

Haben wir in der Coronakrise unsere Freiheit fahrlässig aufs Spiel gesetzt?

Art 79 des Grundgesetzes sagt aus, dass Grundgesetzänderung nur mit zwei Drittel der Mitglieder des Bundestages und zwei Drittel der Mitglieder des Bundesrates möglich sind.

Die Coronamaßnahmen von Schließung des Einzelhandels, der Gastronomie, des Beherbergungsgewerbes usw., Schulschließungen, Lahmlegung des künstlerischen und gesellschaftlichen Leben, Ausgangssperren, Testpflichten und vieles mehr, wurde ohne Mitwirkung des Bundestages und Bundesrates beschlossen. Das Volk hat jedoch die Vertreter in die hohen Häuser gewählt, dass diese die Interessen wahrnehmen und darüber durch Abstimmung Entscheidungen herbeiführen. Coronaentscheidungen, die massive Grundrechtseingriffe waren, wurden nur von der Bundesregierung mit den Landesregierungen getroffen, ohne die Volksvertreter zu fragen. Das Volk und die Volksvertreter waren außen vor. Ein unvorstellbarer Gedanke vor dem Virus, aber auch ein unvorstellbarer Gedanke nach Ausbruch des Virus. Die Volksvertreter hätten immer in einer dafür anberaumten Sitzung gefragt werden können und müssen, bei solchen massiven Grundrechtseingriffen. Die Panik hat wie so oft, die Politik bestimmt, mit schlimmen Folgen für die Gesellschaft. Die Politik hat eine Spaltung geschaffen, die sicherlich über Jahre, vielleicht Jahrzehnte nicht heilbar ist. Sie hat die Kinder und Jugendlichen komplett vergessen, was Folgen über Generationen hat, und die Staatsfinanzen teilweise leichtfertig verteilt, was ebenso Folgen für die nächsten Generationen hat. Es war ein Spiel der Macht für die Politiker, wer ist der „schärfste Hund" bei Corona, als Bewerbungsschreiben für die nächsten Wahlen.

Hier denkt **Er** an sein Gedicht in Freiheit, auf Seite 34.

Rattenfänger von Hameln
(umgetextet)

Spiel die Melodie

Des Rattenfängers von Hameln

Die Wahlkampfmelodie

Blind läuft das Volk

Dem Klang der Wahlkampfmelodie hinterher

Gewählt vorbei

Die Melodie verstummt

Vergessen ist die Wahlkampfmelodie

Gibt es keine Volkesmelodie

Die nicht verklingt in der Demokratie

Die wie die Rattenfängermelodie

Erinnert, was versprochen

Die Volksmelodie in den Parlamenten durch die gewählten Vertreter, die durch Gespräch in ihren Wahlkreisen mit den Bürgen die Meinung dieser kennen, war bei Corona nicht gewünscht. Schaden vom Deutschen Volk zu nehmen, was unsere Vertreter in den Regierungen geschworen haben, heißt, die Freiheit zu beachten, das Grundgesetz zu beachten und mit dem Volk bzw. dessen Vertretern in den Parlamenten, notwendigen Beschränkungen oder Einschränkung, aufgrund der Pandemie abzustimmen, aber nicht diktatorisch zu entscheiden. Die Maßnahmen gingen so weit, dass gravierende Grundrechte vorsätzlich missachtet wurden. So hat der Bayerische Verwaltungsgerichtshof entschieden (Aktenzeichen: 20 N 20.767). **Er** zitiert wörtlich aus dem 31 Seiten dicken Urteil: „Es wird festgestellt, dass §4 Abs. 2 und 3 der Bayerischen Infektionsschutz-maßnahmenverordnung vom 27. März 2020 (BayMBl. 2020 Nr. 158) zuletzt geändert durch § 1 der Verordnung zur Änderung der Bayerischen Infektionsschutzmaßnah-menverordnung vom 31. März 2020 (BayMBl. 2020 Nr. 162) unwirksam war". Das Gericht folgte hier der Argu-mentation der zwei Kläger, die sich unter anderem auch darauf beriefen, dass die Ausgangssperre ein schwerwie-gender Eingriff in die Freiheitsrechte sei – mildere Mittel hätten zur Verfügung gestanden, um das Infektionsgesche-hen zu verlangsamen. Die Richter bemängelten, dass da-mals Einzelpersonen ohne besonderen Grund nicht ihre Wohnung verlassen durften: „Da hat der Senat gesagt, aus infektiologischer Sicht waren die Personen nicht gefähr-det", erklärt der VGH-Sprecher.

Die bayerische Amtsregierung hat gegen das Grundgesetz verstoßen, obwohl sie Schaden vom Volk nehmen soll. Ein Beispiel dass die Freiheit schneller weggenommen ist als zurückgeholt. Hier hat der funktionierende Rechtsstaat geschützt, aber ohne Folgen für die Politiker, die hier die Entscheidungsträger waren und massiv gegen das Grund-gesetz verstoßen haben.

Durch die chaotischen Entscheidungen der Regierung in Bund und Ländern wurde eine neue Logik der Freiheit ge-schaffen. Eine Freiheit der Verteilung. Freiheit als begrenz-te Ressource. Beispielhaft angeführt, entweder es öffnen die Kirchen oder die Baumärkte. Es gibt nur eine begrenzte Menge Freiheit und diese muss verteilt werden.

Ist dieses Denken ein Angriff auf unser Grundgesetz, auf

die Grundrechte und sehr gefährlich? Wer entscheidet über das knappe Gut Freiheit? Welcher Maßstab wird für die Entscheidung angelegt. Gibt es eine Gewichtung der Freiheiten, die eine zählt mehr als die andere? Wurde hier nicht ohne es in Worte zu fassen und ohne zwei Drittelmehrheit das Grundgesetz geändert? Haben wir nach der Pandemie noch den gleichen Freiheitsbegriff? Werden die Beschränkungen irgendwann komplett aufgehoben, für ein normales Leben?

Er denkt an sein Gedicht aus Freiheit Seite 26.

Feinde der Freiheit

Feinde der Freiheit

Sind nicht ihre Gegner

Es sind die Bequemen

Die Heuchler, die Heimtücker

Die Gutmütigen, die Gutgläubigen

Die Ja-Sager, auch bei nein

Die Gesellschaftsanpasser

Die Besitzstandswahrer

Die Geistlosen, die Hirnlosen

Freiheitsmeinungslosen

Die Ideologen

Ohne für die Freiheit zu leben

Nur fürs eigene Ich und heute

In Freiheit, ohne diese zu schützen

Verlogene Duckmäuser Freiheit.

Als **Er** diese Zeilen 2016 schrieb, hatte insbesondere der Satz „Nur fürs eigene Ich und heute" eine komplett andere Bedeutung.

Müssen wir bei dem Begriff Freiheit nicht umdenken oder haben wir diesen in der Vergangenheit falsch angewendet? Schauen wir einmal auf ein Urteil des Bundesverfassungsgerichtes zum Klimaschutz. Auf die Klage verschiedener Klimaschutzorganisationen, darunter auch Fridays for Future und diverse Bürger und Bürgerinnen haben die Verfassungsrichter entschieden: Es gehe nicht an, die nach dem Pariser Klimaschutzabkommen notwendigen CO_2-Reduktionen weitgehend in die Zukunft zu verlagern, um die Gegenwart vor politisch unbequemen drastischen Maßnahmen zu verschonen. Es müsse eine zu kurzsichtige und damit einseitige Verteilung von Freiheit und Reduktionslasten zulasten der Zukunft verhindert werden."

Damit ist der Gedanke des Freiheitsbudgets geboren. Diese Frage gilt sicherlich nicht nur für das Klima, sondern auch fürs Schuldenmachen, denn damit nehmen wir unserer Zukunft ein Stück Freiheit und für viele andere Themen mehr.

Durch die Pandemie ist der Begriff Freiheit in ein neues Licht gerückt worden. Die absolute Freiheit, nur an heute und nicht ans Morgen zu denken, gibt es nicht mehr. Diese neue Subsumption des Begriffes ist sicherlich auch mit dem Grundgesetz gedeckt, denn es findet ein Stück mehr Gerechtigkeit über die Generationen statt.

In Zukunft wird es Aufgabe der Politik, unserer gewählten Vertreter sein Freiheiten zuzuteilen und zu begrenzen. Dafür sind die Parlamente, unsere Volksvertreter, gewählt. Dafür müssen die Politiker bei Wahlen kämpfen und ihre Vorstellungen vorab darlegen, den Bürgern genau zuhören, in den Sprechstunden. Die Entscheidungen dürfen die Politiker nicht den Gerichten überlassen, denn sonst haben wir eine Rechtsschutz-Demokratie, die wir heute, bei den vielen anstehenden Verfahren aus Coronaentscheidungen und anderen, schon haben. Die Politiker sind gewählt, die notwendigen Entscheidungen zu treffen, dann lebt unsere Demokratie, die Gerichte können und müssen diese, wenn sie angerufen werden, überprüfen, aber nicht in der politischen Sache entscheiden.

Auf Seite 51 in Freiheit schrieb **Er**; „*Die Freiheit ist das höchste menschliche Gut. Eine Verpflichtung gegenüber den Menschen und der Natur. Sie fängt mit der Geburt an, ist eine Verpflichtung für die Eltern, die Kinder in Freiheit*

zu erziehen, und für die Kinder dann ihr Leben in und für die Freiheit zu gestalten, ohne Angst."
Hier muss ich heute ergänzen: „für die Kinder dann ihr Leben und das der zukünftigen Generationen in und für die Freiheit zu gestalten, ohne Angst."

Haben wir keine Angst vor der Freiheit, von Geburt bis zum Tode, mit Vernunft in Freiheit kann man auch eine Pandemie bekämpfen, mit Unvernunft ist die Freiheit in Gefahr.

Ergänzung aus aktuellem Anlass, 08.10.2021 – 14:52 Uhr

*Auf Seite 36 Freiheit schrieb **Er**:*

Ein Verbrecherreich

*Vorwurfsvoll fragte **Er***

Die Eltern, die Großeltern

Die Generation von damals

Ein Verbrecherreich

Wie konnte das geschehen

Wegsehen, werde ich nicht

Fremdenhass, Gewalt,

Ausländerfeindlichkeit

Lassen wir, das Volk

In diesem Land nicht zu

Hinsehen, abgetaucht wird nicht

Klare Meinung wird artikuliert

Wir erhalten unsere Freiheit

Der Mob, die Dummheit, der Hass

Wird aus der Freiheit

Mit der Freiheit bekämpft

Für die Freiheit und den Frieden

Die Presse schrieb – Stadt Moers – Geimpfte sollten mit einem knallgelben Ansteckknopf an der Jacke zeigen, dass sie gegen Corona geschützt sind. Darauf zu lesen: „Impfen? Ja Bitte! Ich bin geimpft."

Die Schlussfolgerung für Ungeimpfte überlasse ich dem Leser, mit einer kleinen Anmerkung von mir, mea culpa, aber diese kann ich mir nicht verkneifen als Autor.

Anmerkung:

Knallgelb war auch schon einmal ein Stern in Deutschland vor nicht allzu langer Zeit, schon der Stigmatisierungsansatz in der Farbe ist geschmacklos und verachtend. Weder gelber Button zur Spaltung der Gesellschaft noch gelber Stern wird in Deutschland jemals wieder gebraucht, dafür stehen unser Grundgesetz und die Demokratie.

Lese ich diese Zeile, habe ich keine Angst vor der Freiheit, von der Geburt bis zum Tode, aber meine Angst um die Freiheit wächst immer mehr, die Gesellschaft ist geteilt und soll jetzt noch stigmatisiert werden.

Liebe Leser, auch wenn Sie es vielleicht nicht mehr hören können, schützen wir die Freiheit, kämpfen wir wieder für sie um die Wiederherstellung und **Er** ist absolut kein Coronaleugner, auch kein Impfgegner, lehnt jegliche Demonstrationen, die gegen den Rechtsstaat sind, ab, ist aber für die Freiheit. **Er** möchte nicht im Diktat eines Staates leben, mit Begründungen, die von Gerichten wieder aufgehoben werden. Jede rechtstaatliche Meinungsäußerung in einer Demokratie ist nicht nur ein geschütztes Recht, sondern ein Muss zur Erhaltung, Weiterentwicklung und Festigung unserer Demokratie.

Liebe gewählte Volksvertreter, nehmt endlich eure Verantwortung, zum Wohle des Volkes, für die Demokratie, die Menschenrechte und die Freiheit wahr. Dafür haben wir euch gewählt. Den Feinden der Freiheit muss der Kampf für die Freiheit angesagt werden. Wir – die Bürger

– wollen keine Fremde im eigenen Land sein.

Stranger im eigenen Land (Seite 48 Freiheit – aktuellen Ergänzungen)

*Ist **Er** noch in Deutschland*
Dem Land der Dichter und Denker
Dem Land der Menschenrechte und Demokratie
Wo schwarz, rot, gold
Über Hambach und dem Bundestag
Für die Freiheit weht

Wo Religionsfreiheit grundrechtlich garantiert
Aber der Islam nicht zu Deutschland gehört

Wo brauner Mob auf die Straße geht
Und sagt, wir sind das Volk

Wo linker Mob Brandsätze wirft
Und sagt, wir sind das Volk

Wo Asylrecht im Grundgesetz verankert
Aber Flüchtlinge nicht willkommen sind

Wo jeder Freizügigkeit zum Arbeiten oder
Nichtarbeiten hat
Aber Dekadenz, wegen politischer Macht
gefördert wird

Wo die Freiheit lieber aufgegeben wird
Wegen Besitzstandswahrung

Wo Waffen zum Kriegsführen von der Politik
Genehmigt werden
Kommerz geht vor

Wo Angriffskrieg grundrechtlich verboten ist
Aber auf der Welt, unser Militär überall vertreten ist

Wo politische Ideologie in die Bildung eingreift
Ein fast einheitliches Bildungssystem schafft

Wo ein Virus die Bürger einsperrt
Und die Freiheit und Rechte außer Kraft setzt

Er ist Stranger im eigenen Land
Deshalb wird Er sich integrieren
Für die Freiheit
Für den Rechtsstaat
Für die Menschenrechte
Für den Frieden der Menschen untereinander

Für eine Bekämpfung der Pandemie
Auf der Basis unseres Grundgesetzes
Was zum Gesundheitsschutz verpflichtet

Er *wird sich nicht einsetzen*
Für Ideologie, die gegen die Menschen kämpft
Und unsere Freiheit und Grundgesetz in Frage stellt.

Gezwungene Politiker

Die Politik zum Handeln gezwungen
Triage – sortieren – aussortieren
Zum Tode verurteilen
Wer wird aussortiert
Eine ärztliche Entscheidung
Ohne Rechtsgrundlage
Unvorstellbar
Blinde handlungsunfähige Politiker
Gezwungen vom Verfassungsgericht
Zur Regelung
Zur Schaffung einer gesetzlichen Grundlage
Vertreter des Volkes handeln erst nach gerichtlichem Zwang
Handlung, Entscheidung und Regelung ist die Basis für die Volksvertreter
In der Demokratie ist das Gericht zur Überprüfung der Entscheidungen da
Handlungszwang durch das Gericht
Ein Armutszeugnis für die Politik
Demokratie geht vom Volke aus
Dafür haben wir die Volksvertreter, Abgeordnete, gewählt
Nehmt endlich die euch übertragene Verantwortung per Mandat wahr
Für und zum Schutze unserer Demokratie
Handelt und nehmt Schaden vom Volke

Für die Freiheit – für den Erhalt der Freiheit
Für die Würde des Menschen die nur in Freiheit geschützt werden kann

Art 1 GG (Grundgesetz)

(1) Die Würde des Menschen ist unantastbar. Sie zu achten und zu schützen ist Verpflichtung aller staatlichen Gewalt.

(2) Das Deutsche Volk bekennt sich darum zu unverletzlichen und unveräußerlichen Menschenrechten als Grundlage jeder menschlichen Gemeinschaft, des Friedens und der Gerechtigkeit in der Welt.

(3) Die nachfolgenden Grundrechte binden Gesetzgebung, vollziehende Gewalt und Rechtsprechung als unmittelbar geltendes Recht.

Gelber Button

Ein gelber Button für Geimpfte
Rund ist der Anstecker
Rund für's Wohlbefinden ohne Impfpflicht
Sternförmig war er vor ein paar Jahren
Stigmatisiert und zum Tode verurteilt ohne Gericht
Geschichte wiederholt sich nicht
Aber die Dummheit ist grenzenlos
Bleiben wir achtsam zum Schutze unserer Freiheit
Demokratie und Menschenrechte
Ob geimpft, genesen oder ungeimpft
Einen Button oder Stern brauchen wir nicht
Die Würde des Menschen ist unantastbar
Auch für Politiker

Herbstnebel

Herbstsonne für Geimpfte und Genesene
Herbstnebel für die Ungeimpften
Gespaltene Gesellschaft ohne Impfpflicht
Geblendet von der Sonne der Geimpften und Genesenen
Im Nebel der Zweiklassengesellschaft der Ungeimpften

Narben

Wo sind meine Narben
Sind sie sichtbar
Sind sie unsichtbar
Nach einem langen Leben
Habe ich Narben
Für mich
Für die Außenwelt
Es sind meine Narben
Ein Leben damit
Ist mein Leben
Aus der Vergangenheit
In der Gegenwart
In der Zukunft

16.12.2020 – Das Leben steht still

Lockdown – Shutdown

Politiker werden gewählt, direkt oder indirekt vom Volk, um dieses verantwortungsvoll zu vertreten.
Verantwortungsvoll vertreten bedeutet auch Schaden vom Volk zu nehmen oder diesen fernzuhalten.

Der erste Lockdown – Shutdown war Neuland. Trotzdem in Panik planlos gehandelt und daraus keine Schlüsse gezogen, zur Verhinderung eines zweiten, sowohl in der Politik als auch in der Bevölkerung, die das Virus über den Sommer mittlerweile easy genommen haben. Die Politik hätte bei den Bürgern Resilienzen erzeugen müssen.

Der 16.12.2020 wäre nicht notwendig gewesen, wenn die Politiker prophylaktisch direkt, aus der Erfahrung des ersten, gehandelt hätten. Zuerst die Risikogruppen mit FFP2-Schutzmasken ausgestattet, Schnelltest für alle Angestellten, Besucher etc. bei Alten- und Pflegeheim, Kranken- und Heilanstalten verbindlich, bei jedem Besuch oder Zutritt. Schulen und Bildungseinrichtungen mit Lüftungsanlagen ausgestattet. Stufenplanmäßiges Vorgehen, wie verfahren wird, wenn die Pandemie sich weiter verbreitet. Ein Medikament für die Behandlung bei Ausbruch der Krankheit schneller entwickeln und nicht nur auf Impfungen setzen, die sicherlich auch verspätet eingesetzt wurden.

Einen Sommer verpennt und dann Panik mit fast stündlich neuen Vorschlägen, von der Bundeskanzlerin bis zum

Dorfbürgermeister, die Menschen verunsichert und ängstlich gemacht. Die Bürger sind so nicht vor Corona geschützt worden, sondern in den Staatswahnsinn getrieben. Eine langfristige Strategie entwickeln statt einen nicht demokratischen fraglichen Flickenteppich, mit Entscheidungs- und Darstellungsbedürfnissen der Politiker, wer der Beste im Einschränken der Grundrechte ist, wäre ein logischer kausaler Weg zur Bekämpfung gewesen.

Die Angst der Verantwortlichen vor den eigenen Folgen des Nichthandelns war so groß, dass knallhart Handeln angesagt war, um die Fehler der Unfähigen zu vertuschen. Die Wahrnehmung der Ernsthaftigkeit der Situation in der Bevölkerung war extrem niedrig, weil die Politiker diese durch das Entscheidungschaos verspielt haben. Das knallharte Handeln hat aber nur die Unternehmer, Mittelständler und Soloselbstständigen getroffen. Die katholische Kirche hält laut Mitteilung des Fokus vom 21.12.2020, 12:53Uhr, an den Gottesdiensten zu Weihnachten fest. „Mir ist es ein Herzensanliegen, dass alle Gläubigen, die an einem Gottesdienst an den Weihnachtsfeiertagen teilnehmen möchten, dies auch tun können", erklärte der Vorsitzende der Kommission Ehe und Familie, der Berliner Erzbischof Heiner Koch.

Die Übersetzung ins Weltliche bedeutet, Geschäfte, Handel, Betriebe, Gastronomie müssen schließen und um die Existenz kämpfen, dem Herrn Erzbischof ist es aber ein Herzensanliegen, dass Menschen zusammenkommen und sich der Gefahr der Ansteckung aussetzen. Vielleicht ist beten besser als eine Impfung oder ein Medikament gegen die Corona-Pandemie. Dann sollten die Gläubigen dies aber dringlich einsetzen, zur Hilfe für die gesamte Welt. Vielleicht beantwortet die Kirche mal die Frage, warum Gott dieses Übel über die Menschen schüttet. Hat er Freude daran?

Stündlich wird eine neue Sau durch Ort getrieben, das macht das Volk blind und ängstlich und hebelt das Grundgesetz aus.

Liebe gewählte Politiker und Politikerinnen, ist man für einen Job ungeeignet und unfähig, folgt in der freien Wirtschaft die Kündigung. Das Volk und unser Grundgesetz haben es nicht verdient, Schaden durch Unfähigkeit zugefügt zubekommen. Haben Sie so viel Rückgrat und treten Sie zurück, dass fähige Menschen für diesen Job gewählt werden können, die sich Themen in der Sache in Ruhe und mit Plan stellen, Panik ist in Krisensituationen nie angesagt. Schwere und einschneidende und notwendige Maßnahmen verstehen die Bürger dann und tragen sie auch mit, aber vermeidbaren Kollateralschaden nicht. Übernehmt aber bitte auch wie jeder Unternehmer die Verantwortung für euer Versagen und haftet dafür.

Ihr
Er und sein Ich

Corona-Frühlingssturm

Frühlingssturm
In den Wäldern und den Feldern
Corona-Frühlingssturm
Lockdown-Sturm
Für entmündigte Bürger
Zweiter Corona-Frühling
Jeder sehnt sich nach dem Frühling vor Corona
Erst wenn diese Sehnsucht überwunden
Ist Corona besiegt
Ein vor Corona ist Vergangenheit

Weihnachts- und Neujahresgrüße 2020/21 von Er und sein Ich

Ein extremes Jahr liegt fast hinter uns. Eine Pandemie, wie sie in der Geschichte immer wieder vorkam. Wir Menschen müssen uns fragen, zeigt uns die Natur hier die rote Karte, mit unseren Taten, die wir auf der Welt anrichten, gegen die Tiere, Menschen und alle Kreaturen in der Natur. Corona geht vorbei, aber ein weiter so darf es nicht geben, wir müssen alle umdenken, bevor es zu spät ist.

Er und sein Ich wünschen Ihnen eine schöne Weihnachtszeit und ein naturverbundenes gesundes neues Jahr 2021.

Bekämpfen wir nicht nur die Pandemie, sondern schützen auch unsere parlamentarische Demokratie, das Grundgesetz, und beachten insbesondere Art 1 GG.

Weihnachts- und Neujahresgrüße 2021/22 von Er und sein Ich

Im letzten Jahr schrieb **Er**, „ein extremes Jahr liegt fast hinter uns. Eine Pandemie, wie sie in der Geschichte immer wieder vorkam. Wir Menschen müssen uns fragen, zeigt uns die Natur hier die rote Karte, mit unseren Taten, die wir auf der Welt anrichten, gegen die Tiere, Menschen und alle Kreaturen. Corona geht vorbei, aber ein weiter so darf es nicht geben, wir müssen alle umdenken, bevor es zu spät ist".

Haben wir umgedacht oder uns in einer falschen Sicherheit der Geimpften und Genesen wohlgefühlt?

Das Virus ist da und stärker als vorher. Das Umdenken auch? Mit den gleichen Worten wie 2020 – „denken wir um, bevor es zu spät ist", wünschen **Er und sein Ich** Ihnen eine schöne Advents- und Weihnachtszeit und ein naturverbundenes gesundes neues Jahr. Bekämpfen wir nicht nur die Pandemie, sondern schützen auch unsere parlamentarische Demokratie, das Grundgesetz, und beachten insbesondere Art 1 GG.

Die Corona-Regeln für Silvester 2020/21 am Beispiel von Rheinland-Pfalz

Private Treffen nur mit Angehörigen aus zwei Haushalten (höchstens fünf Personen). Kinder (bis 14 Jahre) nicht mitgezählt. Die Kontaktbeschränkungen gelten bis 10. Januar.

Das Abbrennen von Feuerwerk auf öffentlichen Plätzen

und Straßen ist komplett verboten.

In der Öffentlichkeit gilt seit 16. Dezember Alkoholverbot. Für Silvester und Neujahr gilt zudem ein An- und Versammlungsverbot. Treffen mit Nachbarn, Freunden und Bekannten auf der Straße sind nicht erlaubt.

In Ludwigshafen, Speyer, Frankenthal und im Rhein-Pfalz-Kreis gelten bis zum 10. Januar nächtliche Ausgangsbeschränkungen. Ohne triftigen Grund darf keiner zwischen 21:00 und 05:00 Uhr raus. In Pirmasens gilt die Regelung erst an Neujahr um 01:00 Uhr.

Die Gastronomie ist seit dem 02. November geschlossen. Restaurants dürfen aber Essen liefern oder zum Abholen anbieten – auch an Silvester.

Polizei und Ordnungsbehörden kontrollieren die Einhaltung der Corona-Regeln im öffentlichen Raum. Dazu ist ein verstärkter Einsatz im gesamten Land geplant.

Erlaubt ist:
Skifahren
Vierschanzentournee
Profisport
Bundesligafußball
Formel 1
Urlaub
Tagesausflüge
Kreuzfahrten
usw.

Er und sein Ich fragen sich: Mit welchem Konzept, Verstand und Verhältnismäßigkeit werden die Regeln des Freientzuges getroffen – „Kapitalismus vor Gleichheit der Maßnahmen"? – Notwendige Einschränkungen müssen transparent unter Beachtung der gleichen Grundsätze für alle getroffen und den Bürgern verständlich übermittelt werden.

Prosit Neujahr 2021 und Art 1 GG

Frohe Botschaft Corona

Verkündet die frohe Botschaft
Vom Reich Gottes
Geht und macht alle Völker
Zu meinen Jüngern
Alles zu befolgen, was
euch geboten wird
Weihnachten, das Fest der Verkündigung
Eingesperrt im eigenen Haus
Ohne die gewohnte Familie
Triage in den Kliniken
Sterbeselektion
Kühlcontainer für die Toten
Alles meine Botschaft
Die euch geboten wird
Corona inklusive

Besinnliche und ruhige Weihnachtstage

Besinnliche und ruhige Weihnachtstage
Am Glühweinstand im Partyrausch
Beim Skicirkus
Hektische Weihnachtsgrüße per Whattsapp
Plötzlich alles anders
Corona hält den Spiegel vor
Besinnliche und ruhige Weihnachtstage
Was fange ich nur damit an

12.10.2021 – 12.53 Uhr, Corona Unterbrechung – letzter Freiheitsentzug

„Denn sie wissen nicht, was sie tun."

Keine Angst, **Er** hat kein Corona, **Er und sein Ich** sind weder Coronaleugner noch Impfgegner, aber nicht geimpft, die Gründe seien bei Nicht-Impflicht dahingestellt und sollten auch nicht vorbildhaft sein, denn dies ist eine individuelle Entscheidung, die jeder nur selbst treffen kann.

Er lebt zwar in Rheinland Pfalz, muss aber jetzt wegen seiner Gesundheit Prophylaxe betreiben, denn die Ansteckungsgefahr der Maßnahmen über den Rhein ist groß, nicht aus Egoismus, sondern aus Überlebenszwang. **Er und sein Ich** überlegen, Unimpfi in die Berge, die Natur, zu folgen, wenn **Er** solche Zeilen liest, oder sich einen Vorratskeller anzulegen, in dem **Er** einen Discounter leer kauft, Hamsterkäufe sind von der Regierung mit dieser Maßnahme ausdrücklich gewünscht.

Wiesbaden aktuell.de – 12.10.2021 – 12:53 – „Hessen hat weitere Corona-Beschlüsse gefasst. Unter anderem macht das Land den Weg frei für 2G im Einzelhandel. Betreiber/innen entscheiden selbst, ob sie nur noch geimpften und genesenen Personen Zutritt gewähren. Dann sind Lockerungen möglich.
Die Hessische Landesregierung hat die bestehenden Coronavirus-Schutzverordnungen bis zum 07. November verlängert und neue Regelungen festgelegt. So wird beispielsweise auf Wünsche aus der Branche hin die be-

stehenden 2G-Option auf den gesamten Einzelhandel ausgeweitet. Es steht den betreibenden Personen frei, nur noch Geimpfte und Genese in ihren Geschäften zu empfangen und dann auf Abstands- und Maskenpflicht zu verzichten."

Art 2 Abs 2 Satz 1 GG (Grundgesetz)

„Jeder hat das Recht auf Leben und körperliche Unversehrtheit. Die Freiheit der Person ist unverletzlich. In diese Rechte darf nur auf Grund eines Gesetzes eingegriffen werden."

Er und Sein Ich stellen sarkastisch die juristische Frage: „Ist verhungern und verdursten ein Eingriff in die körperliche Unversehrtheit? – da durch Gesetz gedeckt?"

Das Grundgesetz wurde in der Pandemie mit Füßen getreten und die Deutschen haben sich alles gefallen lassen. Aber dass jetzt ohne Impfpflicht noch die Lebensmittelbeschaffung eingeschränkt wird, ist der absolute Gau, übersetzt und spitz formuliert als Autor, „wenn die Ungeimpften verhungern, ist das Thema geklärt."

Wie unfähig kann Politik sein, mit einem Thema so umzugehen? Da fehlt mir ein alter Film aus dem Jahre 1955 ein, das US-amerikanische Filmdrama mit James Dean und der Regie von Nicolas Ray – *„denn sie wissen nicht, was sie tun".*

Direkt übertragbar auf unsere Corona-Politik. Spaltung der Gesellschaft, Förderung von mehr Kranken und Sterbefäl-

len wegen Nichtbehandlung, weniger Vorsorge, Bildungsdefizite bei der jungen Generation, Förderung von Gewalt
und Anschlägen, nicht nur in Idar Oberstein usw., Aufgabe
unsere demokratischen Regeln, Aufgabe unserer Freiheit,
Verlust von Arbeitsplätzen, Abwanderung von Arbeitneh-
mern, Verschuldung in die nächsten Generationen usw.

„Denn sie wissen nicht, was sie tun."

Vergessen in der Corona Schutzverordnung – „Den alten Automaten"
Die letzte Rettung der Ungeimpften

Aktuell, 30.12.2021, Omikron

Ideologischer Kampf Corona

Panik-Politiker ohne Ende
Wir brauchen Maßnahmen
Gegen Corona und das Leben
Je stärker der Warnton
Das Durchdrücken umso leichter
Je irrer die Bürger gemacht
Desto leichter die Konsequenzen
Coronakampf geführt
Gegen die Freiheit
Die Bürgerrechte
Gegen die Demokratie
Nicht gegen die unstreitbar existierende Krankheit
Aber für die Pharmaindustrie
Chance verpasst
Das Leben mit Corona in unsere Demokratie einzuordnen
Corona gibt es – Corona bleibt
Ein Leben mit Corona ist die Gegenwart und Zukunft
Vernunft dafür ist die Antwort
Nicht die Panik
Es kommt die nächste Welle, danach die nächste Welle
Und dann weitere Wellen
Die Hysterie und Panik impft dann bis zum Tode
Nicht durch Corona – sondern durch Chemie
Stoppt die Panik
Kehrt endlich zur Vernunft zurück
Ordnet Corona in unser Leben ein
Dafür seid ihr gewählt

Abgeordnete der Kommunen, der Länder und des Bundes
Nicht für Panik
Schützt die Gesundheit der Menschen
Aber auch das Grundgesetz und die Freiheit der Bürger

Die Erde brennt

Er und sein Ich starten in Hausen vor der Höhe, im Taunus (ein in Hessen und Rheinland-Pfalz gelegenes Mittelgebirge. Die höchste Erhebung ist der Große Feldberg, mit 878 m) den Wisper Trail, „der Überhöhische", mit 16,2 Streckenkilometer und 333 Höhenmeter.

Die Tour führt vom Startpunkt in Hausen vor der Höhe, an der Pizzeria zum Bürgerhaus über den Fortelbach Blick zum Fischbacher Talblick, weiter über den Fischbacher Sauerborn nach Fischbach und über das Fortelbacher Eck zurück nach Hausen vor der Höhe. Beeindruckende Fernsichten und die verspielt abwechslungsreiche Taunuslandschaft prägen diesen Weg. Am Fischbacher Sauerbrunnen kann man den Taunus sogar schmecken.

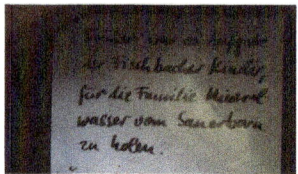

Am Ochsenberg ist die Äskulapnatter beheimatet. Seltene Wild- und Natuzpflanzen gedeihen im Hauser Feldforareserat, eine Arche Noah für die hiesige Artenvielfalt.

Er und sein Ich waren am Sauerbrunnen angekommen und nahmen auf den aufgestellen Bänken, vor den Tischen, Platz.

Sein Ich – was machst du da. Warum bleibst du nicht hier sitzen und wir packen unser Picknick aus.

Er – lass dich überraschen
Er sammelte trockenes Holz, kleine Äste und viele mehr. Vor den Bänken legt er es fein säuberlich zu einem Holzhaufen zum Anzünden zusammen.

106

Sein Ich – du willst aber hier kein Feuer machen?

Er – doch. Ich habe Bratwürste zum Grillen und Kartoffeln zum Braten im Feuer mitgebracht.

Sein Ich – war fassungslos.

Er – warum freust du dich nicht?

Sein Ich – hast du schon mal was vom Waldbrand gehört?

Er – ja, aber ich wollte den Wald nicht anzünden, sondern nur die Grillfeuerstelle.

Sein Ich – du Umweltschützer, weißt nicht, dass 95 Prozent der Waldbrände von Menschen ausgelöst werden. Brandstiftungen, achtlos weggeschnippte Zigarettenkippen, unerlaubte Lager- oder Grillfeuer, sogar heißgelaufene Fahrzeugteile, zum Beispiel die Bremsscheibe eines auf dem Waldboden abgelegten Motorrades können ein Feuer entfachten. Auch alte nicht gefundene Munition aus den Kriegen kann Waldbrände auslöschen. Nur wenige Feuer haben natürliche Ursachen wie eine Blitzeinschlag oder Vulkanausbruch.

Er – du sagtest, durch Lager- oder Grillfeuer. Es fällt mir sehr schwer, aber hier muss ich dir einmal Recht geben, denn der Funkenflug könnte einen Waldbrand auslösen und zu großen Vernichtung führen. Bei meinem Eifer dich zu überraschen, haben ich die Sorgfalt vergessen. Diese sollte man immer beachten.

Sein Ich – aber nicht nur dein Leichtsinn führt zu einem Waldbrand. Schaut man auf die Feuer-Weltkarte der Nasa, sieht man, wo die Erde brennt, und wir reden nur über Corona.

Er – hast du auf diese Karte gesehen?

Sein Ich – ja, schau dir die verheerenden Brände im Amazonas-Regenwald an.

Er – der Amazonas-Rgenwald ist doch das größste tropische Regenwaldgebiet der Erde. Er produziert etwa ein Fünftel unsers Sauserstoffs. Die „grüne Lunge" unseres Planeten Erde. Außerdem leben dort mehr als die Hälfte aller Tier- und Pflanzenarten. Es ist ein riesiger CO_2-Speicher für das globale Klima, für unser Überleben auf Erden.

Sein Ich – anderswo auf der Welt brennt es teilweise noch heftiger, unser Planet ist mehr als in Gefahr. Ich nenne nur die Brände in Brasilien, Bolivien, Peru, Chile, Paraguay, Argentinien und viele mehr.

Er – In Brasilien gibt es mehr Brände als je zuvor. Rund 80.000 sind es bereits, täglich kommen hunderte neue Brände hinzu. Die Gründe liegen bei uns Menschen. Gier, Profit und Rücksichtslosigkeit gegen die Natur. Die Landwirte und Großgrundbesitzer legen gezielt Feuer, um die abgebrannten Flächen als Weide- und Anbauflächen zu nutzen. Eine höchst kriminelle Vorgehensweise der

Gewinnmaximierung. Aber lieber den Grundsatz verfolgen „pecunia non onlet" und dabei die Menschen und unsere Erde vernichten, als auf die Natur zu hören und zu achten.

Sein Ich – denk an Indonesien. Hier ist die Heimat der ältesten Tropenwälder. 700 Brandherde wurden bereits entdeckt. 2015 brannte es katastrophal. Schon Anfang August 2019 rief Indonesien wegen der Feuer den Notstand aus.

Er – In Afrika sieht man den Wald vor Bränden nicht, insbesondere in Zentral- und Ostafrika. Feuer in der afrikanischen Savanne sind nicht selten, allerdings international kaum beachtet. Regelmäßig brennen dort große Fläche ab. Südafrika beispielsweise hat zwei Feuer-Jahreszeiten: Die trockenen Sommermonate am Westkap und die trockenen Wintermonate im restlichen Land.

Sein Ich – stimmt. Aber in Afrika bedeuten die Flächenbrände jedoch nicht nur Zerstörung. Für die Graslandschaft, die große Teile des Kontinents bedeckt, sind die Feuer ein wichtiger Teil des Ökosystem-Zyklus. Die meisten Pflanzen dort sind an Feuer angepasst, brauchen es sogar. Die Flammen verschlingen tote Pflanzenteile und die entstandene Asche düngt den Boden. Im Gegensatz zum Regenwald, der laut Experten mindestens 40 bis 50 Jahre benötigt, um sich ansatzweise zu erholen, wächst das Grasland schnell nach. Schon innerhalb weniger Monate hat sich das Ökosystem regeneriert, der Zykluls kann von Neuem beginnen.

Er – in Australien sind derzeit viele Brandherde an der Ostküste zu sehen. Die Brandursache ist häufig unklar. Auf Bribie Island, einer kleinen Insel vor Brisbane, wurde das vielen Kängurus zum Verhängnis. Viele tote Tiere wurden an den Stränden der Insel gefunden.

Sein Ich – denk auch an die Ukraine. Hier sind viele Regionen mit extremer Brandgefahr. Hier loderte 2019 wochenlang der Wald, viele Regionen sind von der Brandgefahr betroffen. Das Ukraninische Hydrometerorolgische Zentrum gibt das heiße Wetter als Begründung für die vielen Feuer an.

Er – oder an die Arktis. Die Tundra brennt und brennt. Der extrem heiße Sommer 2019 hat der eigentlich sehr kalten Region stark zugesetzt. In der Arktis brannte und brennt es so schlimm wie noch nie. Allein in Alaska wurden in den vergangen Monaten knapp 700 Brände gezählt, rund 200 davon sind noch aktiv. 10.000 Quadaratmeter sind bereits abgebrannt. In Sibirien steht eine Fläche, die fünfmal so groß ist, in Flammen.

Sein Ich – Wie in Afrika gehören aber Brände rund um den Polarkreis zum natürlichen Zyklus des Ökosystems. Das Ausmaß 2019 sprengt jedoch alle Rekorde. Zudem werden die Feuer überlicherweise nicht gelöscht, so lange sie keine Dörfer oder Städte bedrohen. Die Brände konnnten sich so in der sehr spärlich gesiedelten Aktis lange ungehindert ausbreiten.

Er – Brände in der Arktis betreffen das Klima rund um den Globus. Nicht nur, dass die Feuer an sich enorme Mengen an Kohlendioxid ausstoßen, sie treiben auch das Auftauen der Permafrostböden voran, in denen viel CO_2 gespeichert ist. Das freigewordene CO_2 beschleunigt dann die Klimaerwärmung und damit die Brände der Folgejahren.

Sein Ich – wir müssen unterscheiden zwischen natürlichen Bränden, die die Natur teilweise braucht, und von Menschen verursachte Brände. Bestimmte Wälder wie in Kaliformien die Lodgepole-Kiefer, verjüngt mit dem natürlichen Brand ihre Baumbestände. Die Hitze des Feuers öffnet die Zapfen der Kiefer und lässt so die Samen für die zukünftige Baumgeneration frei. Die Bäume selbst brennen dabei nicht ab, weil sie von einer dicken Rinde geschützt werden. Durch das Feuer passiert noch etwas. Die Asche düngt den Boden, sodass die neuen Bäume besonders gut wachsen können. Lässt man der Natur ihren freien Lauf, regulieren sich die Feuer von selbst.

Er – du meinst, dass natürliche Waldbrände von der Natur gewollt sind, sie dienen der Erholung und der Regeneration. Natürliche Waldbrände sind aber nicht die von Menschen gelegten, für die Erhaltung von Ackerflächen oder Bauland. Diese sind ein Verbrechen an der Natur und gehören von der Justiz verfolgt.

Sein Ich – stimmt. In Deutschland ist Brandenburg das am stärksten gefährdete Bundesland. Es regnet dort selten und es gibt viele Sandböden, die kaum Feuchtigkeit speichern. Die Wälder bestehen zum größten Teil aus Kiefern, die sich leicht entzünden. Brandenburg hat hier Maßnahmen getroffen, um die Brände zu verhindern. Es setzt ein Überwachungssystem ein, das vorwarnen soll. Es heißt „Fire Watch". Die Kameras sitzen auf Mobilfunkmasten oder Feuerüberwachtürmen und nehmen über die Baumkronen hinweg Bilder auf. Diese schicken sie an eine Waldbrandzentrale. Dort können die Mitarbeiter die Feuerwehr rufen, sobald sie eine Rauchwolke entdecken. So kann ein Feuer gelöscht werden, bevor es sich weit ausbreiten kann. In Deutschland überwacht „Fire Watch" eine Fläche von fast zwei Millionen Hektar.

Diese Früherkennung dämmt zwar viele Feuer frühzeitig ein, ganz verhindern kann man die Waldbrände aber nicht. Dazu müssten andere Maßnahmen ergriffen werden. Der WWF rät etwa dazu, die Monokultur aus Kiefern abzuschaffen. Mischwälder mit Baumarten, die weniger ätherische Öle und Harze enthalten, brennen viel weniger und nicht so leicht. Hinzu kommt, dass es in Laubmischwäldern kühler und feuchter ist.

Er – man sollte sich auf die Selbstheilungskräfte des Waldes, also der Natur, verlassen, um zukünftige Brände zu verhindern, mient Pierre Ibisch. Es ist Professor für „Nature Conversation" an der Hochschule für nachhaltige Entwicklung in Eberswalde. Dort, wo es gebrannt hat, würden von selbst keine neuen Monokulturen entstehen. Der Wind trüge die Samen aller möglichen Pflanzen heran, sodass das Ökosystem über die Jahrzehnte natürlich wachsen können, so der Biologe.

Sein Ich – Johann Goldammer, Feuerökologe am Max-Planck-Institut für Chemie, empfiehlt, die Feuer durch Feuer zu bekämpfen. Indem man gezielt Feuer legt, könne man leicht entzündliche Gräser und Gestrüppe entfernen, bevor sie zu sehr wuchern können.

Er – es gibt also in der Natur bei den Waldbränden Gewinner und Verlierer. Auch bei den Lebewesen in den Wäldern, den Tieren. Nicht alle Tiere können schnell genug von der Feuerwalzen in Höhlen, Löcher oder unter Steine flüchten, vor allem die viele Kleintiere werden getötet. Ungefähr 40 Insektenarten lieben aber das Feuer. Unter ihnen der australische Feuerkäfer, der durch einen wärmeempfindlichen Sensor immer weiß, wo es brennt. Die Wärmestrahlung von brennendem Holz ist dabei das Erkennungszeichen für den Sensor. Das Infrarotorgan ist in der Lage, über 60 Kilometer Entfernung derartige Temperaturveränderungen zu orten. Reagiert der Sensor, macht sich der Käfer umgehend auf den Weg zu den Brandherden, um sich dort zu paaren, denn die Larven des Käfers können nur in totem Holz wachsen. In lebendem Holz würden sie durch das Harz getötet und vom Holz zerquetscht. Nach der Paarung legt das Weibchen die Eier in die verbrannte Baumrinde und infiziert sie mit einem Pilz. Drei Wochen später ist die Rinde durchsetzt und genügend totes Pflanzenmaterial für die Nahrung des Käfernachwuchs vorhanden.

Sein Ich – auch in unseren heimischen Wäldern, in den Kieferwäldern Brandenburgs, lebt ein Käfer, der auf Feuer fliegt. Für den schwarzen Kiefernprachtkäfer ist das Feuer, genau wie für seinen exotischen Verwandten, die einzige Vermehrungschance. Für viele andere Tiere sind die Flammen aber auch gleichbedeutend mit einem Festmahl. In den Savannen Afrikas nutzen Störche und Greifvögel die Brandzeiten zur Nahrungsaufnahme. Während die Störche die Feuerfront nach vom Rauch betäubten Insekten absuchen, kreisen die Greifvögel hoch über der Feuersbrunst, um nach panisch flüchtenden Tieren Ausschau zu halten und diese zu erlegen.

Er – im Januar 2020 veröffentlichte der WWF (World Wide Fund For Nature – seit mehr als 50 Jahren im Einsatz für die Natur), dass allein in Australien 1,25 Milliarden Tiere direkt oder indirekt durch die Brände getötet wurden. Ausstralien kämpft seit Monaten gegen die verheerenden Buschbrände. Mittlerweile ist eine Fläche von 8,4 Millionen Hektar in ganz Australien verbrannt, das entspricht der Fläche von Österreich. Der Berechnung des WWF liegt eine Methodik zugrunde, die die Auswirkungen der Rodung von Landflächen auf die australische Tierwelt schätzt. Diese Hochrechnung basiert auf einer Studie von Professor Christ Dickmann von der Unversität Sydnex. Bis zum Abklingen der Brände wird das volle Ausmaß der Schäden unbekannt bleiben. Christoph Heinrich, Vorstand Naturschutz beim WWF Deutschland, sagt: „Der WWF ist entsetzt über das Ausmaß der Zerstörung. In Australien ist mehr Land verbrannt als bei den brasilianischen Bränden im Amazonasgebiet und in Kalifornien zusammen. Die Klimakrise verursacht keine Buschfeuer, aber sie macht sie viel verheerender. Die Katastrophe in Australien verdeutlicht, dass Klimakrise und Artensterben zusammen gedacht werden müssen. Ohne eine intakte Natur sind ambitionierte Klimaziele nicht zu erreichen. Wenn die Erderhitzung nicht begrenzt wird, werden mehr Tierarten ihren Lebensraum verlieren.

Sein Ich – laut WWF umfasst der Verlust für die australischen Tierwelt und unsere Erde durch die aktuellen Buschbrände zur Zeit Tausende von Koalas, zusammen mit anderen Arten wie Kängurus, Wallabys, Kanichenkängurus und Vögel wie Kakadu oder Honigfresser. Die australische Umweltministerin Sussan Ley schätzt, dass bis zu dreizig Prozent der Koalas bei den Bränden an der mittleren Nordküste von New South Wales um Leben gekommen sind. Viele Wälder werden Jahrzehnte brauchen, um sich zu erholen. Koalas könnten in der freien Natur in Ostaustralien in 30 Jahren ausgestorben sein, vor allem aufgrund der anhaltenden übermäßigen Abholzung von Bäumen für die landwirtschaftliche und städtische Entwicklung sowie der Klimaerhitzung. Die Brände wüten in diesem Gebiet durch den Lebensraum der Koalas, die das Aussterben beschleunigen.

Er – und warum liest man in der Presse von diesen Katastrophen, die unseren Planeten bedrohen, nichts. Es besteht doch Lebensgefahr für den Menschen, die Tiere, alle Kreaturen und die gesamte Erde insgesamt.

Sein Ich – weil wir Corona haben. Vor Corona gerettet und durch die Umweltzerstörung trotzdem gestorben. Der Mensch vergisst, dass er auch eine Art in der Natur ist, die mittlerweile schützenwert ist, also auch unter Artenschutz gestellt werden muss.

Er – die Presse kann sich doch nicht nur ein Thema nehmen und alle anderen unerwähnt oder als Nebensächlichkeit hinstellen, obwohl die Bedrohung teilweise größer als bei Corona ist.

Sein Ich – wir sind eine Sensationsgesellschaft. Wir haben jetzt Corona und damit können die Politiker und die Presse die Bürger zum Wahnsinn treiben ohne dass andere wichtige oder nocht wichtigere Themen Beachtung finden.

Er – wir sollten langsam aufbrechen und den Sauerbrunnen verlassen, denn es liegen noch viele Wanderkilometer vor uns.

Sein Ich – ja, wir haben so intensiv über die brennde Erde diskutiert, dass wir unser Picknick vergessen haben.

Er – wichtiger war, dass du mich auf die Waldbrandgefahr hingewiesen hast, sonst wäre vielleicht noch eine Naturkastastrophe entstanden.

Sein Ich – wir sollten alle wachsam sein. Keine Zigaretten im Wald. Wenn der Mensch dieses Gift benötigt, dann aber ohne Gefahr für die Natur. Keine Lager- oder Grillfeuer, keine Spiegelungen durch Autos oder sonstiges, die Feuer auslösen können, und vieles mehr.

Er – sollte man ein Feuer entdecken, sofort die Feuerwehr oder Polizei verständigen. Mit wachsamen Augen durch den Wald und die Natur gehen und auch unsere Mitmenschen ansprechen, wenn diese Waldbrandgefahr verursachen.

Sein Ich – jetzt aber Rucksack auf und weiter auf der Tour.

Er und sein Ich – gingen den Wisper Trail nachdenklich, aber sehr aufmerksam in und mit der Natur.

Am Ziel in Fischbach stellten sie gemeinsam fest:

Unsere Natur hat mehr Aufmerksamkeit und Schutz verdient!

(Quelle: Spektrum der Wissenschaft – Warum entstehen Waldbrände 23.06.2019.,
Feuer-Weltekarte der Nasa zeigt, wo die Erde brennt, Focus-Online 27.08.2019,
WWF 1,25 Milliarden tote Tiere in Australien 07.01.2020,
Süddeutsche Zeitung – Wissen – Die Welt brennt 18.09.2019)

Der Gier geopfert

Mein und dein
Ist ein menschlicher Anspruch
Wer diesen verwechselt
Hat Moral und Anstand
Zusammen mit sich selbst aufgegeben
Die Achtung vor sich verloren
Den Respekt gegenüber den Mitmenschen
Und der Natur

Eselritt

Ein Eselritt durch die Welt
Unfähige überforderte Politiker
Verbrecherische Kirchen
Morde für den Glauben
Kindesmissbrauch im Glauben
Gier- und Naturzerstörung
Hass und Neid
Kriege, Tote, Flüchtlinge
Epidemien, Pandemien, Seuchen
Der Esel wirft den Ballast Mensch ab
Er geht zurück in die Natur
Dummer Esel, denkt der Mensch

Trockener Profit

Die Flüsse ausgetrocknet
Die Bienen summen nicht mehr
Die Ernte vernichtet
Den Rest zerstört die Regulierung
Hitze pur
Fluglärm ohne Ende
Gesundheit zerstört
Wälder gerodet
Tiere getötet
Kerosinregen
Politiker taub
Bürger im Schweigen gehüllt
Verlierer auf Erden
Der Mensch, die Tiere, die Natur
Sieger ist der Profit, die Gier

Frühlingsholzerei

Frühlingsduft und -klang
Vom Gesang der Vögel geweckt
Hinein ins Naturschutzgebiet Wald
Joggen oder wandern
Ein Genuss in freier Natur
Sägenklang und Vogelkonzert
The same procedure as every year
Frühling kommt Vögel suchen Brutplatz
Holzerei im Wald beginnt
Naturschutz pur
Wann denken wir endlich um?

Menschenkampf

Der Mensch führt Krieg
Krieg gegen sich selbst
Sein größter Feind
Ist der Mensch
Beeinflusst von seinem Glauben
Bestimmt er seinen Kampf
Durch niedere Beweggründe
Hass, Neid, Gier und viele mehr
Führt er ein Leben lang
Den Kampf gegen sich selbst
Den Menschenkampf

Plastik

Kaffee im Plastikbecher
Wasser in der Plastikflasche
Wurst in Plastik eingeschweißt
Milch in Plastikboxen
Obst und Gemüse in Plastikbehältern
Kleine Snacks in Plastik verpackt
Entsorgung einfach mal am Wegesrand
An der Kasse Plastiktütenverbot
Umwelt gerettet
Verlogene Politik

Seele

Eine Seele habe ich nicht
Eine Seele gibt es nicht
Der Unterschied zum Tier
Die Verbundheit mit Gott
Ein Hokuspokus
Den die Natur entzaubert
Bleiben wir beim griechischen Begriff
Für Seele
Psyche
Eine Psyche ist naturgegeben
Eine Seele menschenerfunden
Von Pfaffenköpfen ausgedacht
Zur Fremdbestimmung der Menschheit

Aktuell, 11.11.2021, Frohsinnsunterbrechung

Er und sein Ich sagen es mal einfach
Mit einem dreifach donnerndem Helau
Alaaf und sonstigem Frohsinns Geschrei
Auf die Dummheit in der Politik
Geimpfte und Genesene
In die Schutzhülle des Unmöglichen packen
Ohne Kenntnis
Wie lange der Impfstoff hält
Grenzt nicht nur an Volksverdummung
Sondern an Unfähigkeit vom Feinsten
In diesem Sinne
Auf die neue Coronakampagne
Ein dreifaches Helau, Alaaf
Und sonstiges Frohsinnsgeplärre
Für die 2G
Im stigmatisierten Frohsinn
Lässt sich unbekümmert lachen und feiern
Gesellschaft, was ist es aus dir geworden
Er und sein Ich sind stigmatisiert fassungslos
Den Narrenspiegel abgehängt
Just for fun geht vor
Hirnlos durch die Narretei

Waldsterben und Trockenheit

Er und sein Ich sind kurz vor dem Ziel, dem Wanderparkplatz in Kewel, im Taunus.

Er – schön, dass wir in dieser eingeengten Coronazeit die Wisper Trails entdeckt haben. So können wir fast direkt vor unsere Haustür tolle Natur- und Wandererlebnisse haben. Diese Touren sind auch sehr toll ausgebaut worden in den letzten Jahren. Jede ist ein Erlebnis für sich und mit einem Urlaubsgefühl verbunden.

Er und Sein Ich erreichen den Parkplatz, den Startpunkt der Wisper-Outback-Tour. Die Wanderschuhe werden geschnürt, der Rucksack aufgesetzt und los geht die Tour von Kewel, zum Grillhüdd'che, über Teufelsheck, Taunusblick, Stauweiher-Kemel und nach 13,3 Streckenkilometer und 360 Höhenmeter zurück zum Startpunkt.

Sein Ich – siehst du diese extrem ausgetrockneten Bäume? Ganze Flächen sind tot.

Er – ja und die zusätzlichen vom Menschen gefällten, zur Gewinnsteigerung der Holzindustrie, denk nur an unseren Ober Olmer Wald. Im Buch Ein Appell – Gegen Tierleid und Naturzerstörung von Dr. Rodolfo, Anwalt der Tiere und Katze Mimi habe ich das ausführlich erörtert, mit der Überschrift „Umwelt – Lasst uns Milliarden Bäume pflanzen".

Sein Ich – ja, ich kann mich gut erinnern. Die Themen sind aber in der Öffentlichkeit alle wieder eingeschlafen, weil wir nur Corona haben.

Er – Corona ist eine Pandemie und bedenke nur, dass wir bereits mehr als 20.000 Todesfälle in Deutschland haben.

Sein Ich – Darüber wird nur gesprochen. Nach Berechnungen einer internationalen Klimastudie im Fachjournal „The Lancet" starben im Jahr 2018 20.200 ältere Menschen im Zusammenhang mit der Hitze, rund 8.000 mehr als in den Vorjahren. Eine deutliche Steigerung zu den Vorjahren. In den Jahren 2014 bis 2018 hat die Zahl der Hitzetoten nach dieser Methode in Deutschland im Schnitt bei 12.080 gelegen, bereits 3.640 mehr als im Mittel der Jahre 2000 bis 2004.

Er – dann sollten wir uns das jährliche Sterben in Deutschland etwas näher ansehen. Die Zahlen schwanken hier, man kann nur durchschnittliche Werte angeben. Mal sind es 2.400, mal über 3.500 am Tag. Insgesamt sind im vergangenen Jahr laut Statistischem Bundesamt 939.520 Menschen gestorben. Das ergibt einen Schnitt von 2.574 Todesfällen pro Tag. Die häufigste Todesursache in Deutschland ist eine Herz-/Kreislauferkrankung. 2019 starben 331.211 Menschen an dieser Krankheit, pro Tag im Schnitt also

907. Die zweithäufigste Todesursache waren Krebserkrankungen mit 231.318 Menschen. Damit erlagen im Schnitt 634 Personen pro Tag einem Krebsleiden. Auf Platz drei lagen 2019 Krankheiten des Atmungssystems. Daran starben 67.021 Menschen, durchschnittlich 184 pro Tag.

Sein Ich – und darüber wird nicht gesprochen. Es heißt nur mit oder an Corona gestorben. Eine Sterbehäufigkeit nur an Corona liegt nicht vor, bedeutet, dass nicht ausgeschlossen ist, dass der Mensch auch ohne Corona an der Haupterkrankung gestorben wäre.

Er – aber wir reden nur von Corona, nicht von anderen dringlichen Problemen, wie auch dem Klimawandel, denn hier stirbt nicht nur der Mensch, sondern die Natur.

Sein Ich – was uns die Bäume hier verdeutlichen.

Er – „der Klimawandel hat die Wahrscheinlichkeit der aktuellen Hitzewellen mehr als verdoppelt", sagt Geert Jan von Oldenborgh, Forscher am Royal Netherlands Meteorological Institute. Er ist Mitglied des Netzwerkes World Weather Attribution (WWA), in dem Wissenschaftler von sechs Forschungseinrichtungen fast in Echtzeit einen möglichen Zusammenhang zwischen Klimawandel und aktuellen Extremwetterereignissen untersuchen. Hier werden viele komplexe Faktoren, Hitzewellen, Stürme, Starkregen usw., zusammengeführt und dank Supercomputer und neuester Klimamodelle berechnet. So kann man feststellen, welches einzelne Wetterereignis durch den Klimawandel mit welcher Wahrscheinlichkeit verursacht wurde.

Sein Ich – und der Präsident des NABU (Der Naturschutzbund Deutschland e.V.) Jörg-Andreas Krüger warnt eindringlich: „Die negativen Folgen des Klimawandels werden am Wald besonders deutlich sichtbar."

Er – ich ergänze, der Klimawandel macht auch bei Corona keinen Halt und wird auch nicht durch Presse- und Politikerschweigen besser, vielmehr verschlimmert er sich, wenn wir nicht jetzt bzw. gestern handeln. Wir sind von den absterbenden Wäldern direkt betroffen. Bereits 2018 und 2019 waren das die wärmsten Jahre in Deutschland seit Wetteraufzeichnung. In Lingen im Emsland wurde ein Temperaturrekord mit 42,6 Grad Celsius gemessen und dazu kommt der fehlende Niederschlag. Ein Trockenstress der Wälder mit Todesfolge setzt ein. Die Folgen sehen wir insbesondere in den Mittelgebirgen, wie hier im Taunus. Damit neue angepasste Wälder aufwachsen können, müssen wir den Klimawandel verlangsamen und begrenzen und schon heute dem Wald die Chance zur Selbsthilfe geben. „Das geht nur, wenn wir endlich die Wurzel des Problems anpacken anstatt lediglich akute Brände zu löschen – sprichwörtlich und wortwörtlich", so der Präsident Krüger.

Sein Ich – der NABU hat doch Forderungen in einen Zwölf-Punkte-Papier aufgelistet. Diese sollten wir unseren Lesern hier nicht vorenthalten und diese zitieren:

„12-PUNKTE-PAPIER
Wald und Forstwirtschaft im Klimawandel
Natur für sich arbeiten lassen: Stabilisieren – Wiederherstellen

Der Zustand zahlreicher Waldbäume im Sommer 2019 macht deutlich, dass der voranschreitende Klimawandel sehr konkrete negative Auswirkungen auf die heimischen Wälder hat. Von Komplettausfällen sind nahezu ausschließlich Nadelbaumbestände aus Fichte, Lärche, Kiefer und Douglasie betroffen. Bei Laubbäumen wie Buche, Birke oder Eiche sind bei exponierten Standorten zunehmend Dürreschäden bis hin zum Absterben zu verzeichnen. Intakte Wälder können über die Vegetation und die organischen Bodenbestandteile als Kohlenstoffsenke wirken. Durch Verdunstung tragen sie in Hitzeperioden zur Kühlung der Umgebungstemperatur bei. Gelingt es uns nicht, den Klimawandel aufzuhalten und unsere Waldökosysteme zu stabilisieren, droht die Gefahr, dass die heimischen Wälder zur CO_2-Quelle werden. Der Schutz und der Erhalt der Wälder ist eine zentrale gesellschaftliche Herausforderung, um die Auswirkungen des Klimawandels zu mildern. Zudem muss den Wäldern die Anpassung an sich verändernde Klima- und Standortbedingungen ermöglicht werden, um die vielfältigen Ökosystemleistungen (Grundwasserneubildung, Bodenschutz, Erholung, usw.) und die Holzerzeugung zukünftig noch zu ermöglichen. Um die

Belastung der Wälder durch den Klimawandel zu mindern, müssen auf politischer Ebene (national und international) endlich effektive Treibhausgas-Reduktionen und Klimaschutzmaßnahmen beschlossen und zügig in die Praxis umgesetzt werden. Obwohl auch naturnahe Wälder unter den Folgen des Klimawandels leiden, zeigt sich, dass sie weit weniger betroffen sind als naturferne Forste. Für Waldbestände, die bereits stark geschädigt sind, muss die sich jetzt bietende Chance genutzt werden, diese möglichst naturnah zu entwickeln. In geschwächten Wirtschaftswäldern müssen Maßnahmen ergriffen werden, um diese wieder zu stabilisieren. Wie sich Wälder unter den sich schnell ändernden Klimabedingungen entwickeln, lernen wir am besten, indem wir die Natur beobachten. Darum müssen wir auf einem Teil der Waldfläche Natur Natur sein lassen und die ablaufenden Prozesse wissenschaftlich untersuchen. Für den Umgang mit den Wäldern im Klimawandel stellt der NABU folgende zwölf Punkte zur Diskussion.

12 NABU-Vorschläge zum Erhalt der Wälder im Klimawandel

Primäres Ziel der Waldpolitik in Zeiten des Klimawandels muss es sein, die Umwelt- und Erholungsfunktionen des Waldes einschließlich seiner Klimaschutzfunktionen langfristig zu sichern. Unabdingbare Voraussetzung für den Schutz der Wälder ist die wirkungsvolle und umgehende Reduktion der Treibhausgasemissionen, mindestens wie im Parisabkommen vereinbart.

1. Ökologisch verträgliche Waldbewirtschaftung konsequent umsetzen

Grundlage der Waldbewirtschaftung sind resiliente und möglichst naturnahe Wälder. Damit werden die Ökosystemleistungen des Waldes sichergestellt. Naturnahe Wälder zeichnen sich durch ein feucht-kühles Waldinnenklima aus. Dadurch können sie sich gegen Dürre- und Hitzeperioden schützen. Zur Förderung des Waldinnenklimas muss das Kronendach weitgehend geschlossen bleiben. Großflächige Verjüngungsverfahren und zu große Auflichtungen sind zu unterlassen. Auch in Wirtschaftswäldern müssen Elemente alle Waldentwicklungsphasen vorhanden sein. Daher müssen Altersklassenwälder in naturnahe, dauerwaldartig bewirtschaftete Wälder überführt werden. Geeignetes Instrument dafür ist ein maximaler Einschlag von 30 Prozent des Holzvorrates innerhalb von 10 Jahren. In bewirtschafteten Wäldern ist darauf zu achten, dass die geförderten Baumarten sowie die Bewirtschaftungspraktiken an den jeweiligen Standort angepasst sind. Nur so kann vor dem Hintergrund standörtlicher und klimatischer Unterschiede die Ausbildung eines resilienten Waldökosystems erreicht werden. Die geförderten Baumarten sollen möglichst heimisch sein und keine negativen Einflüsse auf die Funktionalität und Lebensgemeinschaft des Ökosystems haben. In Flora-Fauna-Habitat(FFH)-Gebieten muss auf die Einbringung nichtheimischer Baumarten verzichtet werden. In FFH-Lebensraumtypen muss die Entwicklung konsequent auf einen optimalen Erhaltungszustand ausgerichtet werden.

2. Störungen effizient bewältigen und konstruktiv nutzen

In „geschädigten" Wäldern sollte so viel Holz wie möglich belassen werden. Dies gilt für Waldbrandflächen und für abgestorbene Laub- und Nadelwälder/-bäume.

Totholz und verbrannte Bäume (Kohle) sind sehr wichtig für die Nährstoff- und Wasserverfügbarkeit der folgenden Waldentwicklung. Gleichzeitig ist Totholz aus Sicht des Artenschutzes von großer Bedeutung, da zahlreiche Arten von diesem Waldstrukturelement direkt abhängig sind. Dazu kommt, dass der Holzmarkt derzeit übersättigt ist und für „Schadholz" nur geringe Preise gezahlt werden. Teilweise sind die Aufarbeitungskosten höher als die Erlöse. Auch um die Situation auf dem Holzmarkt zu entspannen, ist es ratsam, möglichst viel Holz im Wald zu belassen. Trockenes Fichtenholz ist im Übrigen kein Brutmaterial für den Borkenkäfer und stellt keine Gefährdung für angrenzende Fichtenforste dar.

3. Naturverjüngung fördern

Anstatt teurer Anpflanzungen, die in Zeiten zunehmender Trockenheit schnell wieder absterben, muss primär auf Naturverjüngung gesetzt werden. Dieser Prozess findet ohne störenden Eingriff ins Ökosystem statt. Die natürlich ausgebreiteten Keimlinge erschließen sich den Wurzelraum schonend und feingliedriger als eingesetztes Pflanzgut, die Vielzahl von verschieden Baumarten und Individuen sorgt für eine an die örtlichen Standortbedingungen angepasste genetische Selektion der Individuen. Essenziell ist ein effektives Management von Rehen und Hirschen (Wildtiermanagement), so dass die Naturverjüngung ohne Schutz-maßnahmen (Zaun oder Einzelschutz) gelingt.

4. Wildtiermanagement voranbringen.

Die natürliche Verjüngung des Wirtschaftswaldes mit einem breiten Spektrum heimischer Baumarten kann nur bei geringem Wildverbiss gelingen. Deshalb muss die Wilddichte durch ein modernes Wildtiermanagement auf einem Niveau gehalten werden, das den Aufwuchs einer ausreichend hohen Zahl an Jungpflanzen aller heimischen, auf dem Standort vorkommenden Baumarten ohne Einzel-schutz und Zäunung gewährleistet.

5. Wasserspeicherkapazität der Wälder erhöhen – Boden und Humus mehr Beachtung schenken

Es muss ausreichend lebende und abgestorbene Biomasse (Holz) in den Wäldern belassen werden, um eine natürliche Humus- und Bodenbildung zu gewährleisten und damit die Wasserspeicherkapazität zu erhöhen. Sowohl stehendes als auch liegendes Totholz bindet Wasser und kann damit die Ausbildung des typischen Waldinnenklimas unterstützen. Entwässerungsgräben sind wo immer möglich zurück zu bauen, Waldmoore und Waldgewässer sind zu renaturie-ren. Die Walderschließung darf zu keiner Beschleunigung des Wasserabflusses und des Sedimentaustrags führen. Dieses ist auch für den vorbeugenden Hochwasserschutz essenziell.

6. Verzicht auf Pestizide

Die fortschreitende Klimaerwärmung begünstigt unter Umständen die Massenvermehrungen von Organismen, die die geschwächten oder erkrankten Bäume weiter schädigen können (u.a. nadel- u. blattfressende Schmetterlingsraupen, Borkenkäfer, Prachtkäfer, etc.). Die Einschleppung exotischer „Schädlinge" (z.B. des Asiatischen Laubholzbocks) sowie das Vordringen invasiver Arten verschärfen gegebenenfalls das Problem. Diese Massenvermehrungen sind zyklisch auftretende Phänomene. Die Schwere der Kalamitäten wird dabei häufig vom vorherrschenden Gesundheitszustand des Waldes bestimmt. Schnell wachsende, gebietsfremde Baumarten, die in den vergangen Jahrzehnten überwiegend in Monokulturen angepflanzt wurden, zeigen oftmals wenig Anpassungsfähigkeit gegenüber einem sich immer stärker verändernden Klima. Zunehmende Temperaturen und Trockenheit schwächen aber nicht nur die Bäume und machen sie damit anfälliger für Schädlinge, sondern begünstigen zusätzlich die Vermehrung von Fraßschädlingen. Langfristig ist der Waldumbau in artenreiche Wälder die beste Versicherung gegen die sich durch den Klimawandel verschärfenden Schädlingsprobleme. Der Einsatz von Pestiziden im Wald ist daher grundsätzlich nicht zielführend. Ausnahme ist die öffentliche Gefahrenabwehr.

7. Minderung des Stickstoffeintrags im Wald

Die mitteleuropäischen Wälder leiden sehr unter der hohen atmosphärischen Stickstoffkonzentration aus der Landwirtschaft, der Industrie und dem Verkehr. Die spezifischen Artengemeinschaften der Waldgesellschaften gehen verloren und gleichen sich einander immer weiter an. Die Waldböden werden sauer und verlieren ihre Fähigkeit, andere Nährstoffe bereitzustellen. Schließlich wird dadurch Nitrat ins Grundwasser eingetragen. Deshalb müssen vor allem die Stickstoffemissionen aus Landwirtschaft und anderen Sektoren stark reduziert werden.

8. Kein weiterer Ausbau der Infrastrukturen im Wald

Unter dem Primat der wirtschaftlichen Nutzung und der besseren Vermarktung des eingeschlagenen Holzes wurde die Erreichbarkeit von Waldstandorten mit Holzerntemaschinen und Kurz- und Langholztransport-Lkws in den letzten Jahren ausgebaut. Aus Waldwegen wurden schwerlastfähige Forststraßen. Zudem werden zur Verbesserung der Waldbrandbekämpfung der weitere Ausbau des Wegenetzes sowie die Anlage von Löschwasserentnahmestellen gefordert. Der Ausbau der Waldinfrastrukturen steht dem Ziel der Regeneration und Förderung des Waldes und damit auch der Zielsetzung von Klimaresilienz entgegen, denn waldschädigende Bodenverdichtungen und Störungen des Bodenwasserhaushalts (z.B. durch Spitzgräben) sind die Folge. Zur Schonung des Waldbodens muss die Zahl der Pflegeeingriffe und der Einsatz schwerer Forstmaschinen minimiert werden. Der Abstand zwischen den Rückegassen muss so breit wie möglich gehalten werden (Minimum: 40 m).

9. Privat- und Kommunalwald

Damit eine ökologisch verträgliche Waldbewirtschaftung auf der gesamten Fläche des Wirtschaftswaldes stattfinden kann, müssen Flächen der Privat- und Kommunalwaldbesitzer in Maßnahmen zum Klimaschutz im Wald einbezogen werden. Dafür bedarf es entweder eines Instrumentes, das monetäre Anreize zur Förderung natürlicher Prozesse und zur Erhöhung der Altbaumanteile einschließlich des Belassens von Totholz schafft, oder einer ordnungspolitischen Regelung guter fachlicher Praxis, die insgesamt eine ökologisch verträgliche Waldbewirtschaftung gewährleistet. Aufgrund des Generationenwechsels gibt es etwa 65.000 neue Waldbesitzer pro Jahr. Viele von ihnen sind nicht in der Lage, den ererbten Wald unter der Prämisse der Erfordernisse des Klima- und Naturschutzes zu pflegen und zu entwickeln. Für Walderben sind deshalb waldökologische Beratungsangebote zu schaffen.

10. Mehr Forstpersonal und deren Kompetenzen nutzen

Die Menge an Forstpersonal insgesamt, aber insbesondere an Waldfacharbeitern wurde in der jüngeren Vergangenheit kontinuierlich abgebaut. Dabei muss vielmehr personelle Kompetenz vor Ort mit Kenntnissen der örtlichen Gegebenheiten aufgebaut und gefördert werden. Dafür bedarf es der Aufstockung qualifizierten Personals mit forstwirtschaftlichem und ökologischem Hintergrund.

11. Grundlagenforschung zum Ökosystem Wald

Die Grundlagenforschung zum Ökosystem Wald muss – entkoppelt von wirtschaftlichen Interessen – intensiviert werden, um ihn besser verstehen und nachhaltig schützen zu können. Aus den Forschungsergebnissen müssen Strategien für den Waldbau abgeleitet werden.

112. Mindestens zehn Prozent der Waldfläche der Natur überlassen

Nur in Wäldern mit natürlicher Waldentwicklung (Naturwälder) kann sich der Wald als Lebensgemeinschaft ohne direkte Einflussnahme des Menschen entwickeln. Natürliche Anpassungsprozesse an sich ändernde Standortbedingungen (wie z.B. Klimawandel) können in diesen Wäldern stattfinden. Dazu zählt die natürliche Selektion von Baumarten und Individuen, die sich entsprechend anpassen und durchsetzen, so dass sich stabile Ökosysteme ausbilden. Diese Wälder sind für die Evolution, die genetische Vielfalt aber auch für die Wissenschaft unverzichtbar. Neben den bestehenden, häufig sehr kleinen Naturwaldbereichen sind dafür auch weitere größere Waldwildnisgebiete (>1.000 Hektar) auf unterschiedlichen Standorten notwendig. Wir plädieren dafür, mittelfristig zehn Prozent unserer Wälder der Natur zu überlassen. Die einzelnen Gebiete müssen dabei ausreichend groß sein, um natürliche Entwicklungen fernab von Randeffekten zu gewährleisten.

Anforderungen an staatliche Soforthilfen

In der Diskussion um eine schnelle Soforthilfe für die aufgrund der Hitzewellen der letzten beiden Sommer (2018 & 2019) geschädigten Wälder plädiert der NABU für ein bedachtes Handeln und verwehrt sich gegen immer höhere Forderungen nach öffentlichen Geldern, ohne dass jene mit fachlichen Kriterien unterlegt werden. Dem Bundeslandwirtschaftsministerium und den Forstministerien der Länder obliegt es, den Einsatz öffentlicher Gelder so auszugestalten, dass finanzielle Hilfen für die Betriebe auch den oben umrissenen Zielen förderlich sind: Staatliche Hilfen müssen primär dazu dienen, die Leistungsfähigkeit des Naturhaushaltes und der Ökosystemleistungen zu fördern. Die Förderung der Betriebe, die Sicherung des Absatzes und der Verwertung forstwirtschaftlicher Erzeugnisse darf nicht das Ziel steuerfinanzierter Beihilfen sein. Grundsätzlich muss es zu einer Umkehr der Förderinstrumente (z.B. GAK – Die GAK ist das wichtigste nationale Förderinstrument für eine leistungsfähige, auf künftige Anforderungen ausgerichtete und wettbewerbsfähige Land- und Forstwirtschaft, den Küstenschutz sowie vitale ländliche Räume. Sie enthält eine breite Palette von Agrarstruktur- und Infrastrukturmaßnahmen und deckt damit in weiten Teilen den Anwendungsbereich des Europäischen Landwirtschaftsfonds für die Entwicklung des ländlichen Raums (ELER) ab.) kommen. Die forstliche Förderung darf keine Fehlanreize für riskante Waldbauverfahren setzen. Staatliche Hilfen müssen die Umsetzung der Nationalen Strategie zur Biologischen Vielfalt (NBS), einschließlich des Ziels von fünf Prozent natürlicher Waldentwicklung, unterstützen. Der Bund muss bei der Mittelverteilung darauf hinwirken, dass die Länder die Umsetzung der NBS (Die nationale Biodiversitätsstrategie) konsequent vorantreiben. Finanzielle Soforthilfen, die zur Bewältigung der aktuellen Waldschadenslagen gewährt werden, müssen folgenden Anforderungen entsprechen:

- keine großmaschinelle Räumung oder Bodenbearbeitung von Verjüngungs- und Kalamitätsflächen
- bei Maßnahmen zur Wiederbewaldung muss der standortheimischen Naturverjüngung einschließlich der Pionierbaumarten (gegebenenfalls auch in Form von sogenannten „Zeitmischungen" und „Vorwäldern") absoluter Vorrang bei der Ausreichung der Fördermittel gegeben werden
- bei Maßnahmen zur Wiederbewaldung, die in Schutzgebieten und FFH-Lebensraumtypen (Ein Lebensraumtyp, auch FFH-Lebensraumtyp, ist ein abstrahierter Typus aus der Gesamtheit gleichartiger und ähnlicher natürlicher Lebensräume und dient als besonders hoher Schutzstatus der Beschreibung der Landschaft im Rahmen der Vorgaben FFH-Richtlinie (Fauna-Flora-Habitat-Richtlinie) erfolgen, sind ausschließlich lebensraumtypische Gehölzarten zu verwenden
- bei der Wiederbewaldung außerhalb von Schutzgebieten und FFH-Lebensraumtypen muss sich die Förderung auf die Pflanzung europäischer Baumarten beschränken, wobei ein Laubbaumanteil von mindestens 65 Prozent, welcher den Boden und die Grundwasserbildung verbessert, je Fördermaßnahme einzuhalten ist

- die Jagdausübung muss ökosystemverträglich erfolgen, so dass auf die Förderung von Wildzäunen bei der Waldverjüngung verzichtet werden kann. Unterstützend sind geeignete Verfahren zu entwickeln, die eine schnelle Entschädigung der jeweiligen Eigentümer in gemeinschaftlichen Jagdbezirken sicherstellen. Für Eigenjagdbezirke ist sicherzustellen, dass gezahlte Förderungen im Schadensfall zurück gefordert werden können. Als Referenz sind Weisergatter (Eine Weiserfläche, auch Weiserzaun, Kontrollzaun oder Weisergatter genannt, ist eine in der Forstwissenschaft und Forstwirtschaft verwendete wilddicht umzäunte Fläche, die durch den Vergleich mit dem nicht gezäunten Bereich außerhalb eine Beurteilung des Einfluss des Wildes auf die Naturverjüngung des Waldes erlaubt.) vorzusehen, die in vollem Umfang zu fördern sind
- es müssen strenge Vorkehrungen gegen die weitere Einschleppung invasiver Forstpathogene (v.a. schädliche Viren-, Bakterien-, Pilz- und Insektenarten) getroffen werden
- der Einsatz von Pestiziden im Wald darf nicht förderfähig

Quelle: Impressum: © 2019, Naturschutzbund Deutschland (NABU) e.V.Charitéstraße 3, 10117 Berlin, www.NABU.de. Text: Stefan Adler, Dr. Carsten Böhm, Johannes Enssle, Mark Harthun, Fritz Heydemann, Simon Heitzler, Till Hopf, Heinz Kowalski, Ralf Schulte, Stefan Schwill, Christian Unselt, Eckhard Wenzlaff" (kursiv Text ergänzende Worterklärung)

Er – Deine Zitate der NABU-Forderung runden das Bild des Nichthandelns der Verantwortlichen ab. Vielleicht haben wir einige Leser geweckt, sodass diese auch Maßnahmen ergreifen, um den Klimawandel zu stoppen.

Sein Ich – jede Bürgerin und jeder Bürger kann hier helfen. Die Aussage, mein Beitrag bringt im Großen nichts, ist falsch.

Er – Viele Bürger haben auch schon einen Beitrag dazu geleistet. Die Bürger sind williger als die Politiker. Es wird viel sorgsamer mit der Nutzung des Trinkwassers umgegangen und somit Wasser gespart. Die Bürger haben wassersparende Armaturen und Geräte eingebaut. Die Wasch- und Spülmaschinen werden nur eingeschaltet, wenn sie voll sind oder die Geräte haben eine entsprechende Möglichkeit, bei geringeren Lademengen den Verbrauch entsprechend zu regulieren.

Sein Ich – stimmt. Dazu gehören auch Maßnahmen, die zu einer geringeren Verschmutzung der Gewässer beitragen, da dadurch die Wasserverfügbarkeit erhöht wird. Dazu trägt zum Beispiel auch der Kauf von Lebensmitteln aus ökologischer Landwirtschaft bei, der Verzicht auf Pflanzenschutzmittel und Bioziden in Garten und Haushalt, sowie die ordnungsgemäße Entsorgung von Arzneimitteln.

Er – auch bei der Gartenbewässerung kann man einen Beitrag dazu leisten. Nicht bei Hitze in der Mittagszeit gießen, sondern am frühen Morgen oder späten Abend, dann verdunstet das Wasser nicht so schnell. Am frühen Morgen ist es sogar besser als am späten Abend, da dann die Boden-temperaturen und folglich auch die Verluste durch Boden-evaporation niedriger sind. Ansonsten gilt: Lieber seltener gießen und gut durchfeuchten, als häufig und wenig, dass dann sich das Wurzelsystem auch in der Tiefe bildet.

Sein Ich – der Hobbygärtner sollte auch nicht versuchen, die Blätter zu gießen, sondern den Erdboden direkt. Dann bilden sich auch weniger Pilze und die Blätter riskieren nicht, durch den Lupen-Effekt zu verbrennen. Besser als Leitungswasser, ist die Nutzung von Regen für die Garte- und Balkonbepflanzung.

Er – ein Menge an Informationen, die wir hier gesammelt haben. Wir sollten diese erst einmal verarbeiten.

Sein Ich – stimmt. Unsere Tour führt uns noch durch viel geschädigtes Gebiet durch den Klimawandel und die da-durch verursachte Trockenheit hier im Taunus. Da können wir die ganze Information einmal praktisch verarbeiten.

Er und sein Ich – gehen den Outback Wisper Trail weiter. Sie reden sehr wenig miteinander und denken viel über den Klimawandel und die Natur nach.

Er und Sein Ich – am Parkplatz angekommen. Ende der Tour.

Er – Die Politiker haben doch einen Amtseid geleistet, Schaden vom Volk zu nehmen. Hier entsteht durch Passivi-tät, Nichthandeln oder Wegschauen Schaden an der Natur, unserem Planeten und somit auch am Volk und an der nachfolgenden Generation.

Er und sein Ich – dann endet unsere Tour heute mit einer Anklageschrift gegen die verantwortlichen Politiker, sich dem Klimawandel mit allen Konsequenzen zu stellen und die Generation in den Gegenwart und Zukunft zu schützen, nicht zu schädigen.

(Quellen: 12-Punkte-Paper NABU – Wald und Forstwirtschaft im Klimawandel
WDR-Nachrichten 20.000 Corona Tote: Das sagt die Sterbestatistik, vom 10.12.2020
Süddeutsche Zeitung – Wie das trockene Frühjahr die Natur belastet – 21.04.2020)

Tief besorgter Blick

Mit tiefbesorgtem Blick
Ins Land der Dichter und Denker
Hinaus in die Welt
Der menschlichen Gefahren

Klimawandel in extremem Tempo
Globale Pandemien
Finanzkollaps in Sicht
Weltkriegsgefahr
Extreme Armut weltweit
Und
Die große Unbekannte des Lebens

Angst darf nicht die Antwort sein
Die Suche nach Lösungen und Änderungen
Überlegte Handlungen zur Abwendung
Ohne Panik und Hektik
Aber ohne Time lag

Bummelzug

Im Bummelzug des Lebens
Nur bedacht auf's eigene Wohl
Gesellschaftswohl und Zukunftswohl
Im Sackbahnhof zurückgelassen
Denken untersagt
Alles wird für mich geregelt
Aufgewacht im Bummelzug
Stück der Demokratie verbummelt
Staunend ausgestiegen
So schnell kann's gehen
Auch in einer Demokratie
Wenn das Volk im Bummelzug
Verschläft

Leichenschau im Wald

Leichenschau im Wald
Wanderslust mit Leichenschau
Ausgetrockende Wälder
Entwurzelte Bäume
Trockene Bäche
Veralgte Seen
Trockenheit und Wärme
Klimawandel
Unterstützt vom Menschen
Rodungen für den Profit
Leere Waldflächen
Bestückt mit Hochsitzen
Für die letzten Tiere
Leichenwald von Menschenhand

Verbalattacke vom Oberdoktor:
Ärzte-Präsident Montgomery schimpft auf „kleine Richterlein"
Aktuell 26.12.21, 20:59 Uhr (dpa)

Wenn ein Vorstandsvorsitzender des Weltärztebundes
Ein Gerichtsurteil zu Coronaregeln
Als von kleinen Richterlein gesprochen bezeichnet
Hat er nicht nur den Bezug zur Demokratie
Zum Grundgesetz und der Gewaltenteilung verloren
Sondern auch zur akademischen Auseinandersetzung
Da fällt mir nur Faust ein
„Da steh ich nur, ich armer Tor"
Habe ja nur Medizin studiert

GG Grundgesetz
Verständlich geschrieben

Artensterben und Klimawandel

Er und Sein Ich standen an einem sonnigen Frühlingsmorgen Anfang Mai in Lorch am Rhein, an der Wispermündung.

Die Wisper ist ein kleiner Fluss im Taunus, der in Heidenrod entspringt, in 483 Höhenmeter. Mit einem Gefälle von 14 Prozent und einem Höhenunterschied von 410,3 Meter mündet sie nach 29,7 Kilometern in Lorch im Rhein.

Sein Ich – warum singst du ständig

Alle Vögel sind schon da, alle Vögel, alle!
Welch ein Singen, Musizieren
Pfeifen, Zwitschern, Tirilieren!
Frühling will nun einmarschieren,
kommt mit Sang und Schalle.

Wie sie alle lustig sind, flink und froh sich regen!
Amsel, Drossel, Fink und Star
Und die ganze Vogelschar
Wünschen dir ein frohes Jahr,
lauter Heil und Segen.

Was sie uns verkünden nun, nehmen wir zur Herzen:
alle wolln wir lustig sein,
lustig wie die Vögelein,
hier und dort, feldaus, feldein,
springen, tanzen scherzen.

(Text nach Hoffmann von Fallersleben 1835)

Er – das kann ich dir mit einem zweiten Lied beantworten:

Kuckuck, Kuckuk, ruft's aus dem Wald
Lasset uns singen
tanzen und springen!
Frühling, Frühling wird es nun bald!

Kuckuck, Kuckuck, läßt nicht sein Schrei'n:
Komm in die Felder,
Wiesen und Wälder!
Frühling, Frühling, stelle ich ein!

Kuckuck, Kuckuck, trefflicher Held!
Was du gesungen,
ist dir gelungen:
Winter, Winter, räumet das Feld.
(Text nach Hoffmann von Fallersleben 1817)

Sein ich – du meinst, alle Vögel sind nicht da, der Kuckuck fehlt, den wir schon lange nicht mehr gehört haben.

Er – genau. Ist der Kuckuck Opfer des Klimawandels?

Sein Ich – noch steht der erst mit Vorwarnung auf der „Roten Liste". Problematisch ist, wenn der Kuckuck nach mehr als 9.000 Kilometer Flug im Frühling zurückkommt, sind all die andere Vögel, wie oben besungen, schon da. Er ist die meiste Zeit unterwegs, aber die entscheidenden paar Monate im Jahr bei uns. Hier zieht er nämlich seinen Nachwuchs auf, richtig gesagt, er lässt ihn aufziehen. Statt sich selbst darum zu kümmern, legt er seine Eier in die Nester sogenannter Wirtsvögel wie Teichrohrsänger, Gartenrotschwanz oder Grasmücke. Nach nur zwölf Tagen Brut schlüpfen die Kuckuckskinder, in der Regel eines pro Gelege, und stoßen ihre „Geschwister" aus dem Nest. In der dritten Woche sind sie von den „Eltern" meistens so gut versorgt, dass sie größer sind als sie. Ausgewachsen ist der Kuckuck taubengroß, ein exzellenter Flieger, der bereits Ende Juli in Richtung Winterquartier abreist.

Er – toll hast du im Biologieunterricht aufgepasst. Aber wieso ist der Kuckuck bedroht?

Sein Ich – Der Frühling beginnt bei uns immer früher. Nun macht dem Kuckuck dieser Klimawandel zu schaffen. In den vergangenen fünf Jahrzehnten begann der Frühling bei uns sehr früh. Dann sind die Wirtsvögel vielerorts längst Eltern geworden. Ihr Brutbeginn richtet sich nach Temperatur und Nahrungsangebot. Wenn der Kuckuck bei uns eintrifft, hat er zunehmend Probleme, seine Eier unterzuschieben. Anders als der Frühjahrsanfang hat sich der innere Kompass des Kuckucks nicht geändert. Dies ist nicht verwunderlich, denn der Kuckuck zieht nicht einfach nur.

Nach seinem Überflug der Sahara folgt erst einmal eine 45-tägige Erholungsphase in der östlichen Sahelzone, um rechtzeitig nach der Regenzeit das reiche Nahrungsangebot der Regenwälder Zentralafrikas zu erreichen. Zurück geht es ab Februar, mit Zwischenstopps in Westafrika und Italien. In Deutschland steht der Kuckuck deshalb nun mit einer Vorwarnung auf der „Roten Liste". Weniger als 69.000 Paare soll es noch in Deutschland geben, mit abnehmender Tendenz.

Er – ein toller Reisetyp. Seinen Reisen könnte man sich anschließen.

Sein Ich – stimmt, ein interessantes Reiseprogramm, was der Kuckuck hat. Er ist aber nicht nur durch die Erderwärmung bedroht, sondern auch durch die intensive Landwirtschaft mit ihrem Gift Chemie.

Er – damit ist auch die These widerlegt, dass die Tiere und Pflanzen sich dem Klimawandel anpassen.

Sein Ich – nicht absolut. Selbstverständlich können sich Tiere und Pflanzen auf Veränderungen in ihrer Umwelt einstellen. Die Natur war schon immer ein flexibles System. Durch Anpassung an veränderte Umweltbedingungen und natürliche Auslese der bestangepassten Exemplare sind neue Arten entstanden. Doch hier gibt es auch Grenzen.

Er – seit es die Erde gibt, hat sich das Klima auf ihr immer wieder geändert, sollte doch für Tiere und Pflanzen eine Routineangelegenheit sein.

Sein Ich – zahlreiche Fälle, in denen in der Erdgeschichte Tier- oder Pflanzenarten ausstarben, standen in engem Zusammenhang mit der Klimaveränderung. Weil der gegenwärtige Klimawandel aber viel schneller verläuft als frühere, hat dies im Laufe des Jahrhunderts zu besonders schweren Folgen für Fauna, Flora und die Tiere geführt. Die Erde erwärmt sich so rasant, dass sich die Kreaturen, die Arten kaum auf die übliche Weise anpassen können. Es verschieben sich die optimalen Lebensräume infolge der Erwärmung schneller polwärts, als viele Tiere oder Pflanzen wandern können.

Er – und wieder der Mensch als Mörder. Dann stimmt meine Aussage doch, wenn das so weiter geht dann „schließt der Letzte die Tür und sagt, dass war's, Hauptsache der Profit stimmt".

Sein Ich – wie die Umweltstiftung WWF (World Wide Fund For Nature) schreibt, sind laut einer Studie 50 Prozent der Arten weltweit gefährdet. In artenreichen Gebieten wie dem Amazonas oder Madagaskar seien bis zum Jahr 2080 25 bis 50 Prozent der Tier- und Pflanzenarten vom Aussterben bedroht, heißt es in einer in der Zeitschrift „Climatic Change" veröffentlichten Studie. Demnach wären bei einer Erderwärmung um 4,5 Grad gegenüber dem vorindustriellen Zeitalter 48 Prozent der Arten vom Aussterben bedroht. Selbst wenn das Zwei-Grad-Ziel eingehalten werde, also die oberste Grenze der Beschlüsse im Pariser Klimaabkommen, fiele der Rückgang der Arten massiv aus. Dann würde noch jede vierte Spezies in den Schlüsselregionen verloren gehen, heißt es in der Studie. Die Studie „Wildlife in a warming World" gab die Organisation WWF bei der East Anglia Universität in Großbritannien und der James-Cook-Universität in Australien in Auftrag. Die Wissenschaftler untersuchten die klimatischen Bedingungen für 80.0000 Arten in 33 sowohl einzigartigen wie artenreichen Gebieten wie dem Amazonas, der Wüste von Namibia, dem Himalaya, dem Baikalsee und dem Süden Chiles.

Er – und Christoph Heinrich, Vorstand Naturschutz beim WWF Deutschland, sagt den Zeitungen der Funke Mediengruppe: „Auf der ganzen Welt könnten Tiere wie Afrikanische Elefanten oder Große Pandas regional verschwinden, genau wie zehntausende Pflanzen, Insekten und kleinere Lebewesen, die die Grundlage des Lebens auf der Erde bilden. Das ist kein Schicksal, sondern direkte Folge der menschengemachten Klimaerhitzung."

Sein Ich – der Direktor der Zoologischen Staatssammlung in München, Gerhard Haszprunar, der nicht an der Studie beteiligt war, hält die Ergebnisse für plausibel. Aus seiner Sicht wären noch weit mehr Arten betroffen, wenn die Ozeane mit in die Berechnungen einbezogen würden. Das Artensterben sei schon jetzt drastisch. Dies sei nicht nur indirekt durch den Klimawandel auf den Menschen zurückzuführen. Der Artenschwund sei vor allem auch direkt durch Waldrodungen, eine intensive Agrarindustrie und Flächenzementierung auf den Menschen zurückzuführen.

Er – der amerikanische Schwarzbär ist eine von mehr als 22.000 bedrohten Arten. Im zurückliegenden Jahrhundert war die Rate des Artensterbens mehr als 100 Mal höher, als sie es ohne menschliche Aktivität gewesen wäre, warnen Wissenschaftlicher verschiedener amerikanischer Universitäten in einer gemeinsamen veröffentlichten Studie. Der WWF geht davon aus, dass Tag für Tag 70 Arten aussterben.

Sein Ich – bereits im 17. Jahrhundert starben in entlegenen Regionen auf der Welt fremde Spezies durch kolonial agierende Europäer aus. Inselbewohner waren dabei ganz besonders stark betroffen. Doch auch auf dem europäischen Festland sind unzählige Verluste zu beklagen. Der NABU (Naturschutzbund Deutschland e.V.) hat beispielhaft ein Portrait der ausgestorbenen Tier- und Pflanzenarten dargestellt. Ich führe hier einmal einige Beispiele aus dieser Auflistung auf und zitiere zum Teil wörtlich:

„**Das Quagga (Equus quagga quagga)** war eine Unterart des Steppenzebras und ursprünglich in Südafrika weit verbreitet. Es ähnelte dem Zebra, sein Fell war nur an Kopf und Brust schwarz-weiß gestreift, zum Rücken hin wurden die Streifen heller und gingen dann in rotbraun über. Hätte man vor dem 17. Jahrhundert über die Steppe Südafrikas geblickt, hätte man neben Zebras, Antilopen und Straßen sicher auch riesige Quaggaherden entdeckt, denn bis dahin soll es eines der häufigsten Großsäuger gewesen sein. Im 17. Jahrhundert begann dann die exzessive Jagd. Die südafrikanischen Farmer jagten das Quagga wegen seines

Fleisches und seiner Haut, aus der sie Leder herstellen, aber vor allem, weil sie das Quagga als Nahrungskonkurrent für ihre Weidetiere, vor allem Rinder, sahen. Doch nicht nur die heimischen Farmer stellten den gestreiften Huftieren nach. Südafrika wurde im 17. Jahrhundert zu einem beliebten Reiseziel für die reiche Oberschicht aus aller Welt, die dort tausende der heimischen Wildtiere aus „sportlichen" Gründen jagten. Das Fell des Quaggas war zu einer beliebten Jagdtrophäe geworden. 1850 kam das Quagga bereits südlich des Flusses Oranje nicht mehr vor. Letzte Restbestände fielen der Dürre 1877 zum Opfer. Im August 1883 starb das letzte Exemplar in Gefangenschaft im Zoo von Amsterdam.

Der Tasmanische Beutelwolf (Thylacinus cynocephalus), wegen seiner auffälligen Streifen am Hinterleib auch Beuteltiger genannt, war mit einer Schulterhöhe von 60 Zentimetern und einer Rumpflänge von bis zu 130 Zentimetern das größte fleischfressende Beuteltier, das in geschichtlicher Zeit auf dem gesamten australischen Kontinent lebte. Sein Körperbau mit dem breiten Schädel, dem Gebiss mit den langen Eck- und den scharfen Backenzähnen sowie den eher kurzen Beinen ähnelt dem vieler Hundeartiger. Eine Besonderheit des Beutelwolfes war, dass er seinen Kiefer sehr weit, bis zu 90 Grad, öffnen konnte. Der ausdauernde Läufer jagte vorwiegend Säugetiere wie Wallabys, Wildkaninchen und kleine Kängurus, indem er sie entweder bis zur Erschöpfung hetzte oder sich an sie heran schlich und überrumpelte. Mit seinem kräftigen Kiefer konnte er seine Beute durch einen einzigen Biss in den Kopf töten. Das nachtaktive Tier bewohnte ursprünglich die offenen Waldgebiete und Grasländer des australischen Festlandes und Neuguineas, starb dort aber bereits vor der Ankunft der Europäer aus, wahrscheinlich durch die Verdrängung des vom Menschen eingeschleppten Dingos. Auf der Insel Tasmanien, die der Dingo nie erreicht, war die Art bis zu Beginn des 19. Jahrhunderts weit verbreitet. Als die Schafe in Tasmanien als Nutztiere eingeführt wurden, sahen die Farmer die Beutelwölfe als Bedrohung für ihre Herden und begannen diese gnadenlos zu jagen. In den 1830er-Jahren setzte die Regierung sogar eine Belohnung von 25 Cent für den Kopf eines Beutelwolfes aus. Im Jahr 1936 starb der letzte Beutelwolf in Gefangenschaft im Zoo von Hobart.

Stellers Seekuh (Hydrodamalis gigas) kam im nördlichen Pazifik in Russland und Alaska vor. Benannt ist sie nach ihrem Entdecker, dem deutschen Arzt und Naturwissenschaftler Georg Wilhelm Steller. Als dieser sie im Jahr 1741 entdeckte, existierten wahrscheinlich schon nur noch etwa 2.000 Exemplare der bis zu acht Meter langen und etwa vier Tonnen schweren Seekuh. Aufgrund ihres hohen Gewichtes waren die zahnlosen Pflanzenfresser während ihrer aktiven Zeit permanent mit der Nahrungsaufnahme beschäftigt. Ihre Nahrung, hauptsächlich Seetang und Algen, suchten sie im Flachwasser und zerrieben sie mit ihren mit Hornplatten verkleideten Kiefern. Die Tauchzeit betrug dabei vier bis fünf Minuten, wobei selten der ganze Körper unter Wasser war. Die massigen Tiere galten als gute, aber gemächliche Schwimmer und mieden in der Regel das offene Wasser. Die exzessive Bejagung durch den Menschen trieb die Seekühe in die Randgebiete ihres unwirtlichen

Lebensraumes und führte schließlich, nur 27 Jahre nach deren Entdeckung durch Steller, zum Aussterben der riesigen Meeresbewohner. Den Seefahrern dienten die Stellerschen Seekühe hauptsächlich als frische Nahrungsquelle. Aber auch der Speck, aus dem Lampenöl gewonnen wurde, war begehrt. Sogar für die dicke, zähe Haut der Meeressäuger fand man Verwendung, zum Beispiel als Schuhsohle. So wurde das letzte Exemplar vermutlich 1768 von Pelztierjägern bei der Beringinsel erschlagen.

Auerochsen (Bos primigenius), auch Ur genannt, waren ursprünglich in großen Teilen Europas und Asiens verbreitet. Mit einem Kopfumfang von über drei Metern, einer Schulterhöhe von bis zu 1,88 Metern bei den Bullen und einem Gewicht von bis zu einer Tonne war der Auerochse bis zur letzten Eiszeit eines der mächtigsten Landtiere Europas. Die Nachfahren dieser Tiere nach der Eiszeit waren jedoch deutlich kleiner. Je nach Verbreitungsgebiet und Unterart variierten außerdem Größe und Aussehen der Auerochsen. Die Fellfarbe reichte von dunkelrotbraun mit rotbraunem Aalstrich bis zu fast schwarz mit beigem oder grauweißem Aalstrich. Die Hörner waren nach vorn geschwungen und wurden bis zu 80 Zentimeter lang. Die tagaktiven Tiere lebten in offenen Wäldern und ernährten sich hauptsächlich von Gräsern, Laub und Eicheln. Die massigen Tiere lebten in kleinen Herden zusammen, bestehend aus einem Bullen, einigen Kühen und deren Jungtieren.

Zum Aussterben des Urs hat die zunehmende Besiedlung Europas und die damit einhergehende Zerstörung seines Lebensraumes durch die fortschreitende Rodung der Wälder und die immer intensivere Landwirtschaft beigetragen. Die Bestände wurden darüber hinaus stark durch die Jagd dezimiert. Der letzte Auerochse in Deutschland wurde um 1470 im Neuburger Wald in Bayern geschossen. Am längsten überlebte die Art in Osteuropa, vor allem in Litauen und Masowien (Polen). Ende des 16. Jahrhunderts wurden die letzten existierenden Exemplare im Wald von Jaktorów unter den Schutz des Landesherrn gestellt. 1564 zählte man dort 38 Individuen. Der Bestand reichte nicht für das Überleben der Art aus. 1627 starb der letzte der verbliebenen Urs. In den 1920er Jahren versuchten die Direktoren der Zoos Hellabrunn und Berlin eine Rückzüchtung des Auerochsen aus Hausrindern. Äußerlich glich das daraus entstandene Heckrind den Auerochsen tatsächlich stark, genetisch war es aber keines – der Auerochse ist endgültig verloren.

Der Kleine Kaninchennasenbeutler (Macrotis leucura) war im trockenen Landesinneren von Australien zu Hause. Trotz seiner kleinen Größe hatte er einen stämmigen Körperbau. Charakteristisch für das kleine Beuteltier mit dem flauschig weichen Fell waren auch die langgezogene Schnauze und die großen Ohren. Mit seinen kräftigen Vorderbeinen grub es seine Nahrung – Insekten, andere Kleintiere und Wurzeln – aus dem Boden aus. Seine Vorderbeine waren aber auch perfekte Werkzeuge zum Graben des Baues, der bis zu zwei Meter tief werden konnte. Darin versteckte sich das nachtaktive Tier am Tag.
Die Kleinen Kaninchennasenbeutler wurden schon von den Aborigines gejagt, hauptsächlich wegen ihres weichen Fells. Zu einem dramatischen Rückgang der Population

kam es jedoch erst mit der Besiedlung Australiens durch die Europäer zu Beginn des 20. Jahrhunderts, in dessen Zuge auch viele europäische Tierarten eingeschleppt wurden. Die größten Feinde der Kleinen Kaninchennasenbeutler waren fortan Rotfüchse und Hauskatzen, aber auch Wildkaninchen, die durch Verdrängung zum Aussterben der Nasenbeutler beitrugen. Aber auch die Menschen tragen eine Mitschuld. Die Europäer nahmen den Kleinen Kaninchennasenbeutlern ihren Lebensraum, indem sie ihn zu großflächigen Viehweiden umgestalteten. Die letzte dokumentierte Sichtung war 1931. Aufzeichnungen der Aborigines deuten jedoch auf ein Überleben der Art noch bis in die 1960er Jahre hin. Nichtsdestotrotz gilt der Kleine Kaninchennasenbeutler heute als sicher ausgestorben.

Labradorente (Camptorhynchus labradorius)

Dieser mit 51cm Körperlänge verhältnismäßig kleine Entenvogel brütete vermutlich entlang der Ostküste Nordamerikas, von Neufundland/Labrador bis Virginia. Auch wenn die Labradorente vermutlich schon immer sehr selten vorkam und ihr Fleisch als weniger schmackhaft galt, wurden bis Mitte des 19. Jahrhunderts geschossene Labradorenten auf den Geflügelmärkten beispielsweise in Baltimore, New York oder Philadelphia angeboten. Über die Ernährungsweise der Labradorenten ist wenig bekannt, wobei man davon ausgeht, dass sie vorrangig von Muscheln lebten. Die Bejagung dieser Art wurde dadurch erleichtert, dass sie sich anscheinend gegenüber dem Menschen nur wenig schüchtern zeigte. Exzessive Bejagung ist demnach als vorrangiger Grund für deren Aussterben zu nennen. Das letzte bestätigte Individuum der Labradorente wurde vermutlich 1875 auf Long Island (USA) geschossen.

Wandertaube (Ectopistes migratorius)

Die waldgebundene Art kam ursprünglich in Nordamerika vor, doch wanderte sie auch gelegentlich bis in den Süden nach Mexiko und Kuba. Nomadisch lebend, traten sie insbesondere bei starken Buchenmasten zahlreich auf. Weitere Nahrungsquellen waren beispielsweise Ahornsamen oder Esskastanien. Die Vögel brüteten ab April/Mai in großen Kolonien mit bis zu 80 Quadratkilometern Größe.

Es ist davon auszugehen, dass die Ursachen für das Aussterben der Wandertauben in großflächigen Kahlschlägen für die Holzindustrie liegen, wodurch auch entsprechende Baumarten als Nahrungsquelle zum Opfer fielen. Auch die Zersiedelung ihrer Lebensräume durch den Bau neuer Bahntrassen oder Telegrafenmasten hatte ihren Anteil an deren Ausrottung, da hierdurch das Auffinden der großflächig benötigten Bruthabitate massiv erschwert wurde. Ein weiterer wichtiger Faktor war ebenfalls die exzessive Bejagung. Das letzte bestätigte Vorkommen der Wandertaube ist auf das Jahr 1900 datiert. Bemühungen, die Art aufzufinden, scheiterten zuletzt im Jahr 1911. Der letzte in Gefangenschaft lebende Vogel mit dem Namen „Martha" starb 1914 in einem Zoo in Cincinnati (USA).

Bodensee-Kilch (Coregonus gutturosus)

Dieser Süßwasserfisch lebte einst in den Tiefen des Bodensees. Seinen Laich legte er in Tiefen von bis zu 60 Metern ab. Am Gewässerboden lebende wirbellose Lebewesen waren seine Hauptnahrungsquelle, vornehmlich Muscheln und Schnecken. Das erklärt auch seine unterständige

Mundöffnung. Seine kommerzielle Nutzung hörte in den 1960er Jahren auf. Grund dafür war nicht nur seine Überfischung. Auch die Fortpflanzungsrate nahm rapide ab, da durch die landwirtschaftlich bedingte Eutrophierung des Bodensees die Eier mit dem zunehmend niedrigeren Sauerstoffgehalt im Wasser nicht mehr zurechtkamen. Darunter litten auch andere Coregonen-Arten. Obwohl sich der ökologische Zustand des Gewässers mittlerweile wieder verbessert hat und sich die Populationen anderer Artgenossen erholten, konnte diese Art auch nach mehreren Untersuchungen nicht mehr aufgefunden werden. Der Bodensee-Kilch gilt seit den 1970er Jahren als ausgestorben.

Gravenche (Coregonus hiemalis)
Auch wenn einst Jungtiere im See von Le Bourget (Frankreich) gesichtet wurden, galt die Gravenche als eine endemische Art des Genfer Sees (Frankreich/Schweiz). Mit einer Körperlänge von etwa 30 Zentimetern ernährte sie sich vor allem von tierischem Plankton und lebte bodennah in großen Tiefen des Gewässers. Da die Gravenche Ende des 19. Jahrhunderts noch als einer der am stärksten gefangenen Speisefische des Genfer Sees galt, wundert es nicht, dass sie in wenigen Jahren bereits extrem selten war und schließlich Anfang des 20. Jahrhunderts zuletzt nachweislich gesichtet wurde. Auch umfangreiche Forschungsprojekte konnten keine Exemplare mehr nachweisen. Neben der Überfischung wird auch in der zunehmenden Eutrophierung des Gewässers eine Ursache des Aussterbens gesehen.

Kapverden-Riesenskink (Macroscincus coctei)

Diese Art kam ursprünglich endemisch auf den Kapverdischen Inseln in einem nur etwa 10 Quadratkilometer großen Gebiet vor. Der in Gemeinschaften lebende Skink bewohnte Felsspalten, war dämmerungs- bis nachtaktiv und ernährte sich vorrangig von Eiern der Seevögel und deren Küken. Die erste direkte Gefährdungsursache stellten die von Menschen eingeschleppten Hunde, Katzen und Ratten dar. Indirekt dürften sie auch den Seevögeln nachgestellt haben, wodurch sich deren Population und damit die Nahrungsgrundlage des Skinks minimierte. Daneben spielte auch die Bejagung durch den Menschen eine erhebliche Rolle für deren Populationsverluste, da der Skink insbesondere in Trockenzeiten als Nahrungsquelle diente. Doch auch die Weiterverarbeitung der Häute zur Schuhproduktion sowie die Nutzung für medizinische Zwecke gefährdeten die Art. Durch die geringe Reproduktionsrate war es dem Kapverden-Riesenskink nicht möglich, die Verluste auszugleichen. So wurde 1912 das letzte lebende Exemplar gesichtet. Auch eine zuletzt 2006 angelegte Untersuchung konnte keine Individuen mehr auffinden.

Réunion-Riesenschildkröte (Cylindraspis indica)

Wie die gesamte Gattung Cylindraspis der Riesenschildkröten mittlerweile als ausgestorben gilt, ist auch die Existenz der Réunion-Riesenschildkröte unwiderruflich ausgelöscht. Wie der Name schon besagt, kam sie ausschließlich auf der Insel Réunion im südindischen Ozean vor. Mit einer Körperlänge von bis zu 110 Zentimetern war sie die größte Vertreterin ihrer Gattung. Als sie noch in großer Anzahl auf der Insel vorkam, spielte sie eine wichtige Rolle für den Zustand und die Verjüngung der heimischen Wälder. Ihre sehr langsame Fortbewegung und mangelnde Scheu gegenüber dem Menschen wurde ihr letztlich zum Verhängnis: Zu Zwecken der Ölverbrennung und menschlichen Ernährung wurde sie so stark bejagt, dass ihre Population bereits um 1800 stark dezimiert war. Die letzten Exemplare, die sich in die höheren Lagen der Insel zurückgezogen haben, wurden schließlich im Jahr 1940 getötet.

Harlekinfrosch (Atelopus ignescens)
Der Harlekinfrosch war in Ecuador zu Hause. Er lebte dort in feuchten Wäldern in den Bergen und hohem Gras- und Buschland in einer Höhe von 2800 bis 4200 Meter über dem Meeresspiegel. Der schwarze Frosch mit gelber bis grünlicher Musterung gehörte zu den Pfeilgiftfröschen und besaß ein hoch giftiges Sekret, das er über die Haut absonderte. Zum Aussterben des Harlekinfroschs trug wahrscheinlich eine Veränderung des Klimas in Ecuador bei, die in den letzten Jahrzehnten stattgefunden hat. Es kam zu einer starken Erwärmung: 1987 war das wärmste Jahr seit Beginn der Klimadatenaufzeichnung, das auch zu großer Trockenheit und wiederkehrenden Dürreperioden führte.
Ausgelöscht wurde die Art wohl letztendlich durch die ansteckende Hautpilzkrankheit Chytridiomykose, die zu einem extremen Artensterben unter vielen Amphibienarten geführt und die man auch bei Harlekinfröschen nachgewiesen hat. Das letzte Exemplar wurde 1988 gesichtet. Darauf folgende Suchen blieben erfolglos.

Pseudophilautus maia
Diese Art gehört zur Familie der Ruderfrösche (*Rhacopho-*

ridae), die ihren Namen ihrer Fähigkeit verdanken, mehrere Meter durch die Lüfte gleiten zu können. Das gelingt ihnen durch überdimensionale Spannhäute zwischen den Fingern und Zehen. Die laubfroschartig aussehenden Froschlurche leben auf Bäumen und sind ausgezeichnete Kletterer. P. maia kam ausschließlich in den Nebelwäldern Sri Lankas vor, die auf etwa 1.400 Meter über N.N. gedeihen. Trotz mehrerer Versuche zwischen 1993-2003, diese Ruderfroschart wieder zu entdecken, wurde sie zuletzt 1876 gesichtet. Aus diesem Jahr stammen auch die einzig bekannten Exemplare. Mittlerweile gilt die Art als ausgestorben. Die Hauptursache dafür wird in der Abholzung der Wälder gesehen, wodurch ihre Lebensräume zerstört wurden. Auch die Intensivierung der Landwirtschaft (durch Teeplantagen) oder Beweidung könnten ihren Teil dazu beigetragen haben.

Tobias Köcherfliege (Hydropsyche tobiasi)

Diese Köcherfliegenart soll einen dunkelbraunen Körper, hellere Beine und verhältnismäßig große Augen gehabt haben. Da sie ausschließlich in Deutschland an acht Standorten im Mittelrheintal und am Main nachgewiesen werden konnte, ist davon auszugehen, dass es sich um eine endemische Art handelte. Zwar konnte sie bereits 1906 gesichtet werden, doch wurde sie erst 1977 wissenschaftlich beschrieben. Die Weibchen der nachtaktiv lebenden Tobias-Köcherfliege legten ihre Eier bevorzugt im oder über dem Wasser in „Paketen" ab, was ihre starke Gewässergebundenheit unterstreicht. Die maßgebliche Ursache, die zum Aussterben der Köcherfliege führte, wird in der massiven Verschmutzung des Rheins und Mains gesehen. So konnte trotz intensiver Suchaktionen im Jahre 1979 und zuletzt 2004 diese Art nicht wiederentdeckt werden.

Stevens Island-Laufkäfer (Mecodema punctellum)

Bei dieser Art handelte es sich um einen etwa 38 Millimeter langen schwarzen Laufkäfer, der endemisch auf Neuseeland und den umliegenden Inseln vorkam und untypischerweise flugunfähig war. Über seine Habitate ist nur wenig bekannt, doch es ist davon auszugehen, dass er feuchte Wälder bevorzugte. Er ernährte sich vermutlich räuberisch von Schnecken. Die Laufkäferart wurde zuletzt im Jahre 1931 gesichtet. Mehrere Untersuchungen zwischen den Jahren 1961-1997 blieben erfolglos. Die Hauptursache für das Aussterben dieser Art liegt in großflächigen Kahlschlägen, wodurch sein Lebensraum zerstört wurde.

Szaferi-Birke (Betula szaferi)

Die Szaferi-Birke gehörte zur Familie der Betulaceae und war ausschließlich in Polen heimisch. Zwar kommt der Hybrid B. oycoviensis, welcher aus der Kreuzung B. szaferi and B. pendula entstand, noch in mehreren Ländern Zentraleuropas vor, doch in der freien Natur existieren keine Individuen dieser Birke mehr. Das im Internet kursierende Gerücht, dass ein Exemplar im Botanischen Garten von Krakau gepflanzt wurde, erwies sich nach Recherchen als fehlerhaft. Seit 1970 gilt die Szaferi-Birke als ausgestorben.

Veilchen (Viola cryana)

Für diese Veilchenart gibt es neben dem lateinischen Namen nur eine französische Übersetzung: Violette de Cry. Sie wurde erstmals 1860 entlang des Canal de Bourgogne (Frankreich) entdeckt, wo sie auch endemisch vorkam. Als wärmeliebende Art bevorzugte sie südlich ausgerichtete Kalksteinhänge. Durch den Kalksteinabbau für die Zementherstellung, aber auch durch das exzessive Sammeln durch Botaniker ist davon auszugehen, dass dieses Veilchen bereits im Jahre 1930 ausgestorben war. Der letzte nachgewiesene Fund stammt aus dem Jahr 1927.

Er – eine beeindruckende, nein, erschreckende Auflistung hast du hier dargestellt. Dann können wir nur noch mehr unseren Aufruf in den Medien und meinen Büchern verbreiten – Aufstehen – Aufwachen – Mitmachen – Umdenken gegen den Klimawandel. Wir müssen an unserem eigenen Verhalten ansetzen und dann die anderen Menschen motivieren, bevor es endgültig zu spät ist.

Sein Ich – jetzt haben wir lange an der Mündung der Wisper gestanden und uns Gedanken gemacht über den Klimawandel. Sieht man hier in den Taunus, über den Rhein und die Wisper, die malerischen Bilder und die tolle Natur, dann unterstützen diese noch den Einsatz für die Umwelt.

Er – stimmt, wenn man in die Natur geht, dann spürt man ein Muss, sich dafür einzusetzen. Wir können alle Menschen nur einladen, geht in die Natur und seht euch die Schönheiten an. Sie ist nicht nur Arzt, Maler und vieles mehr, nein sie ist der Wegbegleiter deines Lebens. Zerstöre sie nicht

Sein Ich – so, jetzt sollten wir aber aufbrechen. Ich würde gerne eine Pizza in Rüdesheim bei unserem Italiener, dem Toni, essen.

Er – ich auch, aber da hat die Natur etwas dagegen.

Sein Ich – wieso die Natur?

Er – hast du vergessen, wir haben Lockdown, wegen des von der Natur dem Menschen geschickten Virus, Corona, dass der Mensch endlich umdenkt.

Sein Ich – bei unserer intensiven Diskussion habe ich nicht an Corona gedacht. Dann hat Toni wie alle anderen Geschäfte, Gastronomie und Hotels geschlossen und muss den Schaden, den die Menschen angerichtet haben, jetzt wirtschaftlich tragen.

Er – hoffentlich erwachen die Menschen und wir besiegen das Virus, dass wir nicht noch einmal so einen Schaden und eine Lebens- und Freiheitseinschränkung bekommen, teilweise aus Panik der Politik.

Sein Ich – sehen wir das positiv. Dass ein Aufstehen – Aufwachen – Mitmachen – Umdenken erfolgt.

Er und sein Ich traten den Heimweg an, bei herrlichem Sonnenschein und tollen Rheinblicken.

Teufelskarussell

Das Teufelskarussell
Versteckt hinter Kirchenmauern
Dreht Runde für Runde
Der Gier
Des Hasses
Des Neides
Des Geizes
Der Menschenverachtung
Des Menschenmissbrauchs
Des Lebewesensmissbrauchs
Der Tierqual
Der Naturzerstörung

Springen wir ab vom Teufelskarussell
Auf das Naturkarussell
Es dreht Runde für Runde
Für den Menschen
Für die Tiere
Für die Lebewesen
Für die Natur

Ohne
Gier
Hass
Neid
Geiz
Menschenverachtung
Menschenmissbrauch
Lebenwesenmissbrauch

Tierqual
Naturzerstörung

Sperren wir die Pfaffen
Für das Naturkarussell
Dann ist der Teufel besiegt

Naturgeflüster

Der Fingerhut
Das Farn
Am Wegesrand
Rehblicke hinter Bäumen
Weite Taunussicht
Sanft plätschert die Wisper
Eine Begegnung mit der Natur
Sie flüstert leise ins Ohr
Schütze mich und die Tiere
Stoppt die Massentierhaltung
Das brutale Schlachten
Das Roden meiner Wälder
Nur gemeinsam
Natur, Tiere, Mensch und alle Kreaturen
Sind wir überlebensfähig

Aphorismen

Corona ist das willkommene Virus des Neokapitalismus

Der Shutdown ist der Anfang vom Exit aus dem Lockdown

Enkelgeschenke sollten keine Staatsverlagerungsschulden sein

Der Sozialismus ist der umgekehrte Neokapitalismus

Nicht der Mensch hat die Macht über die Natur – Die Natur hat die Macht über den Menschen

Doofheit plus Dummheit gleich Hoffnungslosigkeit

Werte verändern sich nicht – rede mit deinen Großeltern

Die Kirche hat einen Vertrag mit dem Teufel

Politik ist die Lücke zwischen Realität und Macht

Profundes Wissen mindert die Fähigkeiten, Praktisches anzuerkennen

Naturradio

Vogelgezwitscher
Die Taube ruft im Hintergrund
Aufgewacht mit Klagen
Aus dem Naturradio
Ein Schuss im Wald
Maibock, das war's für dich
Der Mensch hat entschieden für sich
Gegen dich und die Natur in Feigheit
Fluglärm übertönt den Tod
Technische Landebahnmusik
Vom Menschen gemacht
Ausgeschaltet, das Naturradio

Wispergeflüster am Tanzplatz der Natur

Wispergeflüster
Am Wisper Trail
Am Tanzplatz der Natur
Autostraßenlärm
Großstadthektik
In weiter Ferne
Das Flüsschen durch den Taunus
Plätschert vor sich hin
Vogelgesang und Grüße vom Wild
Gier, Neid, Missgunst
Sind hier fremd
Naturduft und dichte Wälder
Fragen leise
Was willst du mehr

Flüchtlinge

Er und sein Ich saßen auf der Terrasse beim Morgenkaffee und planten den Tag.

Sein Ich – heute steht Gartenarbeit an. Wir wollten die Rosenecke umpflanzen und dort Platz für die Bananenstauden machen, da diese sich hier besser entwickeln können.

Er – das ist richtig harte Arbeit. Wir sollten erst unsere Runde wandern gehen und danach können wir mit der Gartenarbeit beginnen.

Sein Ich – ich habe den Eindruck, du bist schon wieder auf der Flucht vor der Arbeit.

Er – nein, ich wollte mich nur einstimmen.

Sein Ich – wo du gerade Flucht sagst, gibt es eigentlich nur noch Corona und keine Flüchtlinge mehr. Seit Monaten hört man von diesem Thema ganz selten.

Er – Die Zahl der Flüchtlinge laut den Vereinten Nationen so hoch wie nie zuvor. Die Corona-Pandemie mit ihren vielen geschlossen Grenzen hat die Situation von Zwangsvertriebenen und Staatenlosen noch zusätzlich verschärft. Der UNHCR-Chef Filippo Grandi (Hoher Flüchtlingskommissar der Vereinten Nationen – United Nations High Commissioner für Refugees) sprach von einem „weiteren düsteren Meilenstein" und warnte, die Zahl werde noch weiter wachsen, „falls die Staats- und Regierungschefs der Welt die Kriege nicht beenden". 80 Millionen Menschen waren Ende 2019 auf der Flucht. Die Gewalt in der Welt hielt laut UNHCR jedoch auch 2020 an, in Syrien, der Demokratischen Republik Kongo, Mosambik, Somalia, der Sahel-Zone und dem Jemen führt sie zu neuen Vertreibungen. Im April 2020 schlossen wegen der Corona-Pandemie 168 Länder ihre Grenzen ganz oder teilweise, auch für Flüchtlinge. 90 dieser Länder machten für Asylsuchende keine Ausnahme, 111 Länder suchten pragmatische Lösungen.

Sein Ich – und das ist nicht die einzige Ursache für die Flüchtlinge, kein Mensch flieht freiwillig. Zu den Ursachen Krieg und Gewalt, kommen Menschenrechtsverletzungen, Klima und Umwelt. Das Weltklima ändert sich in einer Geschwindigkeit, die die meisten Voraussagen der Wissenschaftler/innen übertreffen. Viele Menschen mussten nach verheerenden Naturkatastrophen ihre Heimat verlassen.

Er – und diese Menschen haben dann Probleme, in anderen Ländern aufgenommen zu werden, obwohl die meisten Länder der Genfer Flüchtlingskonvention (GFK), dem Abkommen über die Rechtsstellung der Flüchtlinge, von 1951, mit in Kraft treten 1954 und Ergänzung 1967 beigetreten sind. Ein Flüchtling ist lauf Definition der GFK „eine Person, die sich außerhalb ihres Heimatstaates aufhält, da ihr dort aufgrund ihrer Rasse, Religion, Nationalität, politischen Überzeugung oder Zugehörigkeit zu einer bestimmten sozialen Gruppe Verfolgung droht. Nicht unter die Genfer Flüchtlingskonvention fallen Migranten, Men-

178

schen, die aus wirtschaftlichen Gründen ihr Heimatland verlassen oder vor Umweltkatastrophen, Kriegen oder Hunger fliehen. Die Aufnahmen von Migranten regelt jedes Land individuell, es gibt keine verbindlichen Richtlinien wie bei Flüchtlingen, obwohl beide Gruppen oft die gleichen Wege gehen.

Sein Ich – für mich gibt es doch verbindliche Regeln auch für Migranten. Die Menschenrechte und die Würde der Menschen. Die Menschen fliehen vor Menschenrechtsverletzungen aus ihren Ländern und wir verletzen hier bei der Aufnahme die Menschenrechte vollumfänglich.

Er – die Staaten, die der Flüchtlingskonvention beigetreten sind, sichern Flüchtlingen eine Grundversorgung zu. Zudem steht ihnen Religionsfreiheit zu, sie können ordentliche Gerichte anrufen, ihnen wird ein Reisedokument ausgestellt und sie sollen vor Diskriminierung geschützt werden. Außerdem darf ein Flüchtling nicht in ein Land zurückgeschickt werden, in dem ihm Verfolgung droht. Zusätzlich gibt es in einigen Ländern wie Deutschland ein Asylrecht. Das deutsche Asylrecht erkennt Asylbewerber allerdings nicht an, wenn sie über ein sogenannten „sicheren Drittstaat" eingereist sind. Auch muss die Verfolgung zielgerichtet und aufgrund der persönlichen Merkmale des Bewerbers erfolgen, allgemeine Notsituationen wie eine Hungersnot oder Umweltkatastrophen im Heimatland werden nicht anerkannt.

Sein Ich – aber es ist eine menschliche Verpflichtung hier zu helfen, entweder in den Flüchtlingsändern oder hier vor

Ort. Wie kann es im neuen Flüchtlingslager Kara Tepe auf Lesbos, das das Lager in Moria nach dem Brand vor vier Monaten ablöste, zu solchen Zuständen kommen? Im Januar 2021 waren erneut katastrophale Zustände im Camp. Teile des Lagers sind überschwemmt, Zelte sind durchnässte und waren zeitweise eingestürzt, Toiletten sind umgestürzt, nicht benutzbar und das vor dem unmittelbar bevorstehenden Kälteeinbruch in der östlichen Ägäis. 7.300 Flüchtlinge – Menschen – sind im Lager in unmittelbarer Gefahr. Ramona Lenz, Referentin für Flucht und Migration bei medico international (ist eine Hilfs- und Menschenrechtsorganisation mit Sitz in Frankfurt am Main. Die Organisation engagiert sich für die globale Verwirklichung des Menschenrechts auf Gesundheit) drückt das so aus: „Was im Moria-Nachfolgelager bei Kara Tepe geschieht, ist keine Naturkatastrophe, sondern ein gewolltes Verbrechen. Die unhaltbaren Zustände sind seit Monaten Thema in der internationalen Öffentlichkeit, aber geändert hat sich nichts. Die dünnen Zelte stehen immer wieder unter Wasser, die Duschvorrichtungen sind vollkommen unzureichend, das Essen ist schlecht, es gibt keine Heizmöglichkeit und die Menschen erhalten kaum medizinische Versorgung."

In einem offenen Brief an Europa fragten die Flüchtlinge kurz vor Weihnachten 2020: „Wie kommt es, dass wir nach so vielen Millionen von Regierungsspenden und von NGOs (Unter NGOs, den sogenannten „Non-governmental organisations", versteht man unabhängige, nichtstaatliche Organisationen, die keine Gewinnziele verfolgen. Diese privaten Organisationen setzen sich für soziale, gesellschaftspolitische oder umweltrelevante Zwecke ein.) ge-

sammelten Geldern immer noch an einem Ort ohne flie-
ßendes Wasser, heiße Duschen und ohne ein funktionie-
rendes Abwassersystem sitzen? Warum können unsere
Kinder immer noch nicht in einen Unterricht gehen und
warum sind wir auf den guten Willen einiger Organisationen angewiesen, die gebrauchte Kleidung und Schuhe an
uns verteilen?"

Er – und wir haben Sorge, dass wir Weihnachten wegen
Corona nicht mit der vollständigen Familie feiern können
und die Kirchen geschlossen sind oder teilweise. Wie können wir hier überhaupt nur an feiern denken, bei solchen
menschlichen Katastrophen?

Sein Ich – sieh dir die Meldung in der Tagesschau vom
20.01.2021 um 17.33 Uhr an. 43 Flüchtlinge sind bei
einem Schiffsunglück vor der libyschen Küste ertrunken.
Die Küstenwache konnte zehn Menschen retten. Sie sind in
die Küstenstadt Suwara im Westen des Landes gebracht
worden. Den Angaben zufolge hatte das Boot am frühen
Dienstagmorgen in der Küstenstadt Sawija abgelegt. Es sei
nur wenige Stunden nach der Abfahrt bei schlechten Bedingungen auf See gekentert, als der Motor ausgesetzt habe. Nach Angaben der Überlebenden, die vor allem aus der
Elfenbeinküste, aus Nigeria, Ghana und Gambia stammten,
kamen alle Opfer aus Westafrika. Das UN-Flüchtlingswerk
forderte, wieder mehr Rettungsoperationen im Mittelmeer
durchzuführen.

Er – und die Lage der Flüchtlinge bleibt prekär. In Libyen
herrscht seit fast zehn Jahren Bürgerkrieg. In dem Chaos

hat sich das nordafrikanische Land zu einem der wichtigsten Transitgebiete für Flüchtlinge auf dem Weg nach Europa entwickelt. Die meisten Migranten wagen die gefährliche Überfahrt in seeuntüchtigen Gummibooten. Immer wieder kommen bei Unglücken im Mittelmeer viele Migranten ums Leben. So starben im vergangenen November beim Untergang zweier Booten mehr als 90 Menschen.

Sein Ich – und wie ntv am 14. Januar 2021 berichtete, setzt die EU Pushbacks gegen Flüchtlingsboote ein. Als Push-Back (englisch für zurückschieben), auch Push-Back-Aktion, wird das Zurückdrängen von ausländischen Personen ohne entsprechende Aufenthaltstitel für das Zielland in Grenznähe bezeichnet. Frontex-Chef Leggeri (Die Europäische Agentur für die Grenz- und Küstenwache, auch Frontex genannt, ist in Zusammenarbeit mit den EU-Mitgliedstaaten zuständig für die Kontrolle der Außengrenzen der Europäischen Union. Die Agentur der Europäischen Union mit Sitz in Warschau wurde 2004 gegründet.) konnte vor dem Innenausschuss des Deutschen Bundestags die Vorwürfe nicht entkräften. Die EU treibt Flüchtlingsboote zurück auf hohe See, um Asylverfahren zu vermeiden.

Das Loch in der Wand des Gummiboots ist faustgroß. Einer der Bootsinsassen presst seine Hand darauf, damit nicht so viel Luft ausströmt. Ab jetzt ist das Kentern nicht mehr nur eine Gefahr, ab jetzt geht es für die 19 Flüchtlinge – 19 Menschenleben – darum, das sichere Kentern ihres Bootes irgendwie zu verzögern. Das Video, das ein 16-Jähriger von der dramatischen Situation gedreht hat, steht im Internet neben etlichen weiteren, die zeigen, wie Flüchtlingsboote in der Ägäis Schiffbruch erleiden, und sie zeigen, wer die Boote zuvor kaputtmacht – in die Luftkammer sticht, auf den Motor einschlägt. Maskierte, die mit Schnellbooten an die Flüchtlinge heranfahren, zwingen sie durch solche Schikane zur Umkehr. Sie sollen griechische Gewässers verlassen, und zwar möglichst unbemerkt. Denn eigentlich hätten diejenigen, die in den zumeist überfüllten Booten hocken, bereits Anspruch darauf, in der Europäischen Union Asyl zu beantragen und auf ein Verfahren. Ziel der Angriffe ist es darum, die Boote wieder in türkische Gewässer zu treiben, jenseits der EU-Außengrenze. Auch wenn sich die Angreifer auf den Schnellbooten hinter Masken verbergen, so spricht doch vieles dafür, dass sie ihre Attacken mit Billigung der griechischen Küstenwache fahren. Denn die agiert selbst sehr fragwürdig, wie im vergangen August aus einem Bericht eines deutschen Bundespolizisten hervorging. Die Deutschen patrouillieren im Rahmen der europäischen Grenzschutzagentur Frontex in der Ägäis, um die EU-Außengrenze zu überwachen.

Am 10. August vergangenen Jahres entdeckten die Polizisten im Meer vor der griechischen Insel Samos ein Boot mit 40 Flüchtlingen. Sie informierten die Küstenwache und blieben eine halbe Stunde lang in der Nähe, bis das gerufene griechische Schiff eintraf. Als letztes sahen die Bundespolizisten, wie Flüchtlinge bei der Küstenwache an Bord gingen. Entsprechend erstaunt waren die Beobachter, als bei Rückkehr der Griechen in den Hafen kein einziger Flüchtling von Bord ging. Sie berichteten den Vorfall. Er deutet auf einen Pushback hin, denn noch in derselben

Nacht wurde das Boot wieder im türkischen Teil der Ägäis entdeckt und von den dortigen Behörden gesichert.

Die griechische Seite erklärt den Vorfall so: „Als das Schiff der Küstenwache das Flüchtlingsboot fast erreicht habe, sei jenes umgedreht und wieder in Richtung Türkei gefahren. Das widerspricht jedoch massiv der Darstellung der deutschen Polizisten, die ja gesehen hatten, wie Menschen an Bord gegangen waren. Überzeugen konnten die Griechen mit dieser Erklärung kaum jemanden.

Nur einer war mit der griechischen Version zufrieden. Fabrice Leggeri, Direktor von Frontex. Griechenland habe ihm versichert, dass es keine Regeln verletzt habe, erklärte der in einem Welt-Interview. Zuvor hatte er dem Innenausschuss des EU-Parlaments erklärt, für die Beteiligung – direkt oder indirekt – an Pushbacks durch Frontex gebe es keine Beweise.

Er – das wäre ja von den Rettern eine schwere Menschenrechtsverletzung. Vor Monaten ist für die Überwachung der Menschenrechte beim Grenzschutz von der EU beschlossen worden, 40 Grundrechtsbeobachter einzustellen, die die Einhaltung der Gesetze kontrollieren. Bis zum 5. Dezember hatte Leggeri dafür Zeit, eingestellt worden ist noch niemand. Die EU-Kommission erhöht nun den Druck auf Leggeri. Er sagte jetzt zu, dass die Kontrolleure im Frühjahr kommen sollen. Ob das die Lösung des Problems ist, bezweifle ich. Die Kontrolleure hätten von der EU unabhängig für die Überwachung der Menschenrechte eingestellt werden sollen, und zwar schon gestern.

Sein Ich – sprechen groß von den Menschenrechten und missachten diese vollumfänglich. In den Niederlanden wird bei über 15 Jahre alten Flüchtlingskindern vor der Abschiebung nicht geprüft, ob sie im Heimatland geeignet aufgenommen werden können. Das verstößt nach einem Urteil des Europäischen Gerichtshof gegen EU-Recht, zu Recht. Unbegleitete minderjährige Flüchtlinge dürfen nur dann in ihr Herkunftsland zurückgeschickt werden, wenn dort für sie „eine geeignete Aufnahmemöglichkeit" vorhanden ist. Andernfalls ist ihnen vorübergehender Aufenthalt zu gewähren, wie der Europäische Gerichtshof (EuGH) in Luxemburg entschied (Rechtssache C-441/19). Die Prüfung der geeigneten Aufnahmemöglichkeit müsse unabhängig vom Alter des Minderjährigen erfolgen, urteilte der EuGH. Teenager, die bald volljährig werden, dürfen demnach also nicht anders behandelt werden als Kleinkinder. Ein „Rückkehrentscheidung" sei im Übrigen auch dann nicht zulässig, wenn deren Durchsetzung bis zur Volljährigkeit ausgesetzt bleiben.

Er – am 04.01.2021 um 17.31 berichtete tagesschau.de, nach einem Feuer im bosnischen Camp Lipa seien noch immer 900 Flüchtlinge obdachlos. Bei Eiseskälte schlafen sie in selbst gebauten Plastikverschlägen und dünnen Zelten auf dem nackten Boden. Die Nerven liegen blank. Wie Andrea Beer, vom ARD-Studio Wien berichtet: „Es ist ein eisiger Morgen im Camp Lipa, als es Iman Amini reicht. Der dunkelhaarige Iraner hat wieder eine nicht enden wollende Nacht draußen verbracht – in seinem dünnen Plastikzelt auf dem blanken Boden mitten im Nichts im Nordwesten von Bosnien und Herzegowina. „ich heiße Iman", sagt der zunächst ganz ruhig. „Ich in seit sechs Monaten in Bosnien. Vorher war ich zwei Jahre in Griechenland, doch es gab Probleme mit den Papieren dort." Mit 36 Jahren ist Amini, der aus Isfahan kommt, älter als die meisten hier. Sein bärtiges Gesicht ist eingefallen, er hat Ringe unter den Augen und macht einen zerstörten Eindruck. Amini stellt sich aufrecht hin und öffnet langsam den Reißverschluss seiner Jacke, zieht sie dann aus und wirft sie auf den nassen Boden. „Vielleicht bin ich bald tot", sagt er. „Denn wenn Europa sagt, dass es uns hier hilft, dann lügen sie. Alle." Er nimmt den schmalen gestreiften Schal vom Hals, setzt die schwarze Mütze ab und zieht sich dann seine beiden dünnen Pullover über den Kopf. Auch diese Kleidungsstücke wirft er auf den Boden und steht dann da, mit nacktem, tätowiertem Oberkörper mitten im eisigen bosnischen Winter. „Wir haben kein Essen, wir haben kein Zuhause, wir haben kein gutes Leben, wir haben nichts! Was ist das hier? Ihr seid Merkel, ihr seid Europäer! Fuck you! Fuck You!", ruft Amini verzweifelt. Dann hält er inne und sein Blick wandert zu den anderen Flüchtlingen hinüber. Einige stehen um ein offenes Feuer herum, das in einem rostigen Mülleimer brennt. Nicht alle haben feste Schuhe an, ein paar nicht einmal Strümpfe. Einige haben stark geschwollene Augen, sie zittern und sind offenbar krank. Sie beobachten Amini neugierig und etwas verlegen. „Kommt zu mir herüber", ruft er ihnen zu. Eine Gruppe versammelt sich um Amini, der Ziaullah Zaheer kurzerhand zum Dolmetscher bestimmt. Was der 26-jährige Afghane aus Kunar direkt in Englisch übersetzt und was er von sich aus hinzufügt, ist nicht klar, doch die Botschaft ist deutlich: „Ihr sollt uns nicht wie Tiere behandeln. Wir sind keine Tiere, wir sind Menschen."

Sein Ich – die Flüchtlinge haben nichts. Wir haben Corona, die Menschenrechte und die Genfer Flüchtlingskonvention. Ich stelle mir die Frage, wo werden die Menschen vor dem Tod geschützt? Haben diese nach der bestehenden Rechtlage weniger Rechte als den Schutz in der Corona-Pandemie vor dem Tod?

Er – wie tagesschau.de am 27.12.2020 um 18.55 Uhr berichtete, hat einen Tag vor Weihnachten die Internationale Organisation für Migration (IOM) das in der Kritik stehende Flüchtlingslager Lipa in Bosnien geschlossen. 1300 Menschen sind nun ohne Obdach. Einige setzten offenbar aus Frust ihre Zelte in Brand. Die IOM hatte zuvor bereits gedroht, das Camp sich selbst zu überlassen, wenn es nicht winterfest gemacht wird. Es nur über Feldwege zu erreichen und weder an das Wasser- noch an das Stromnetz angeschlossen. Dafür zuständig sind allerdings die bosnischen Behörden. Kurz vor der Räumung setzten einige Bewohner Zelte und Container in Brand. Eine dicke schwarze Rauchwolke war weithin sichtbar. Zu dem Zeitpunkt sei das Lager bereits fast leer gewesen, erklärte Peter Van der Auweraert, der IOM-Vertreter in Bosnien, auf Twitter. Es sei niemand verletzt worden. Aber fast die gesamte Infrastruktur in dem Lager sei zerstört oder beschädigt worden, es sei ein „fürchterlicher Tag". Was nun mit den Bewohnern des Lagers passiert, ist unklar. Ein Teil von ihnen dürfte versuchen, nach Kroatien und damit in die EU zu gelangen. Andere werden wohl oder übel bleiben, in

Wäldern, auf Felder oder in leerstehenden Gebäuden. In den offiziellen Camps werden die meist alleinstehenden Männer keinen Platz finden, denn diese sind bereits überbelegt. Insgesamt könnten je nach Schätzung mehr als 3000 Menschen im Nordwesten von Bosnien mitten im Winter obdachlos sein.

Sein Ich – und da sehen wir zu und reden nur noch über Corona. Ist Mensch nicht gleich Mensch? Wir sind verpflichtet, hier zu helfen. Hilfe muss vielfältig sein, zuerst die Not lindern, dann an den Ursachen für die Klärung ansetzen, aber auch in den Herkunftsländern. Es ist eine falsche Diskussion, wenn wir Steuergelder in die Hand nehmen, in die Herkunftsländer investieren, damit die Flüchtlingsthematik geklärt wird, und dies als Steuerverschwendung ansehen. Nur der Dumme sieht hier falsche Verwendung von Steuergeldern, denn es werden die Kosten für die Integration wegfallen, die Menschen können in ihren Herkunftsländern, wo ihr Herz schlägt, leben und wir bekommen das Thema geklärt. Selbstverständlich darf Aufnahme und Integration nicht ausgeschlossen sein, in Ländern, wo vor Ort nicht geholfen werden kann.

Er – da stimme ich mit dir überein. Es ist unsere menschliche Verpflichtung zu helfen, die Menschen vor dem Tod zu schützen, genau wie bei der Pandemie vor dem Corona-Tod. Die Verpflichtung ergibt sich auch aus den geltenden Gesetzen von den Menschenrechten bis zur Menschenwürde. Es ist auch keine Zeit zu verlieren, denn wir können obige Liste der Flüchtlingsdramen- und -schicksale noch seitenweise fortsetzen, so schlimmem ist bei 80 Millionen Flüchtlingen die Lage.

Sein Ich – so, mein iPhone ist durch das viele Googlen fast leer und wir haben viel Zeit für die Gartenarbeit, durch unsere sinnvolle Diskussion, verloren. Als Fazit sollten wir aber festhalten, dass wir uns mehr für die Menschenrechte und Menschenwürde einsetzen müssen, denn man dachte, in unseren Demokratien ist alles in bester Ordnung, aber genau das Gegenteil ist der Fall.

Er – dann sollten wir heute die Gartenarbeit ruhen lassen und wandern gehen, damit unser Kopf von der vielen Diskussion wieder frei wird.

Sein Ich – dein Kopf wird auch frei, wenn du jetzt den Spaten nimmst und anfängst die Rosen umzusetzen.

Er – wollte eigentlich noch widersprechen, holte sich eine Flasche Bier, für den Arbeitsstart.

Sein Ich – du solltest den Spaten in die Hand nehmen und die Rosen umsetzen.

Er – das mache ich doch, rechte Hand Spaten – linke Hand Bier.

Sein Ich – ich denke, wir einigen uns, dass die Bierflasche zurück im Kasten landet und zwar voll und du den Spaten in beide Hände nimmst, dass du weder dich noch die Rosen beim Umsetzen verletzt.

Widerwillig folgte er dem inneren Befehl **seines Ichs** und setzte mit beiden Händen die Rosen um.

Der Flüchtling ist der Täter

Der Flüchtling ist der Täter
Mit und ohne Tat
Ermittlungsverfahren sind überflüssig
In dubio pro reo
Lateinische Fremdwörter
Ein Blick ins Strafgesetzbuch
Der Flüchtling füllt es aus
Willkommen im Rechtsstaat Deutschland
Er gilt für jeden
Den Flüchtling, den Hetzer, den Provokateur, den Täter
Keine Angst im fremden Land
Die freiheitliche demokratische Grundordnung ist stärker
Sie schützt vor Fremdenhass,
Vorverurteilung und Selbstjustiz
Vor der eigenen Türe kehren
Empfiehlt der Schreiberling
Vielleicht findet ihr so manchen Täter dort
Der Flüchtling ist schlauer als ihr
Er ist Krieg, Mord, Tod ... entkommen
Er ist in Freiheit angekommen
Willkommen ist er hier
Liberal zu leben mit und in
Unserer freiheitlich demokratischen Grundordnung

Flüchtlingsdrama

Sonnengebrannt vom Mittelmeer
All inclusive
Essen und trinken bis zur Übelkeit
Leben pur
Da ist der Tod in weiter Ferne
Flüchtlingsdrama hier auf dem Mittelmeer
Vorher – nicht vorstellbar
Hilfeleistung
Wir, die Genießer vom Mittelmeer
Warum – nicht unser Problem
Flüchtlinge sollen bleiben, wo sie waren
Unser Luxus ist nicht in Gefahr
Uns interessiert die Sonne und das Leben
Die Politikern die Wiederwahl
Den Rest klärt dann das Meer
Wohlstandsgesellschaft
Seid ihr pervers
Helft endlich schnell an den Wurzeln
Die Menschen schreien nach Hilfe
Es sind Geschöpfe der Natur
Wie du und ich

Stranger an der Nahe

Am Ufer der Nahe
Ein Fremder sitzt in der Sonne
Schaut traurig in den Fluss
Ich fotografiere am Ufer
In meinem Rücken der Fremde
Er spricht mich an
Ob ich ein Bild von ihm machen könnte
Für seine Familie und Kinder im fernen Land
Beängstigt blickte ich ihn an
Warum, frag ich mich
Hat dieser Mensch den Blick verdient
Dankbar ist er für das Bild
Von seinem Handy für seine Familie
Beschämt sage ich tschüß
Er hat den Blick nicht verdient
Wo sind wir Menschen miteinander angekommen
Dieser Blick muss eine Lehre sein
Das Bild eine menschliche Freude

Rassismus

Er und sein Ich fuhren nach Niedergladbach bei Schlangenbad, einem kleinen Örtchen im Taunus. Am Parkplatz, dem Kellerweg, stellte **Er** sein Auto ab, schnürte die Wanderschuhe und setzen den Rucksack auf. Heute stand die Tour Glaabacher Almauftrieb auf dem Wanderplan.

Sein Ich – wir sollten zügig starten, es ist der längste Wisper Trail mit 18,9 Streckenkilometer und 588 Höhenmeter.

Er – kein Problem, das schaffen wir locker bei unserer Kondition.

Sein Ich – denk daran, wie oft du dich beim Start mit der Einschätzung der Tour schon übernommen hast und dann nur noch langsam ins Ziel gekommen bist.

Er – Die Organisatoren der Wisper-Trail-Touren haben das toll mit dem Parkplätzen, den tollen Fahnen am Start und Ziel sowie den Tourbeschreibungen gemacht. Einfach perfekt, auch wie die ganze Tour beschildert ist. Es ist fast unmöglich, sich zu verlaufen.

Sein Ich – stimmt. Wir haben uns nur verlaufen, wenn wir zu intensiv diskutiert und nicht auf die Beschilderung geachtet haben. Wirklich perfekt gemacht sind die Wegezeichen und bisher sind auch wenige von den Sammelwanderern als Erinnerungstück gestohlen worden.

Er – ich finde das immer wieder, neben dem Tatbestand des Diebstahls, menschlich eine Schande. Was denken solche Menschen, die damit anderen nur Schaden anrichten, weil diese dann die Orientierung auf der Tour verlieren? Eine rücksichtslose Gesellschaft, die so etwas macht. Keine Naturfreunde, keine Wanderer, einfach Egoisten.

Sein Ich – nun genug geredet, jetzt geht's los.

Er und sein Ich starten mit der Tour, wie immer langsam einlaufen, bis man den Wanderschritt gefunden hat.

Er – da ist eine große Herde von Rindern. Sieh mal, da ist eine schwarze Kuh dabei, eine Negerkuh.

Sein Ich – das ist rassistisch, was du da gerade sagst.

Er – wieso rassistisch. Bei den Heiligen Drei Königen in der Kirche gibt es den Melchior, der ist auch schwarz.

Sein Ich – und wie der Dekan, der evangelischen Münster-gemeinde, Ernst-Wilhelm Gohl in der Neue Westfälischen am 12.10.2020 um 18.17 Uhr schrieb: „Die Holzfigur des Melchior ist mit seinen dicken Lippen und der unförmigen Statur aus heutiger Sicht eindeutig als rassistisch anzuse-hen".

Er – wir haben doch die Brockhaus-App auf unseren iPho-ne. Wenn wir zufällig Netz zur Verfügung haben, was hier bei den Wisper Trail fast nie gegeben ist, sollten wir mal im Brockhaus nachsehen, was eigentlich Rassismus ist.

Sein Ich – okay dann nutzen wir die Zeit für eine kleine Rast und trinken auch etwas Wasser, zur Stärkung.

Er – im Brockhaus steht: „Rassismus ist der Begriff aus der politischen und sozialen Sprache des 20. Jahrhunderts, der aber auch – nicht unumstritten – zur Bezeichnung be-stimmter Erscheinungen von Diskriminierung in früherer Zeit herangezogen wird. Im engeren Sinn kennzeichnet Rassismus die im 19. Jahrhundert ausformulierten Ideolo-gien von aus der Natur der Menschen begründeten Rassen-unterschieden und den darauf aufbauenden unterschiedli-chen sozialen, moralischen und/oder biologischen Bewer-tungen natürlich-biologischer Unterschiede von Menschen aus einer distanzierenden, kritischen Perspektive. Seine aktuelle Bedeutung bezieht der Begriff aus der Tatsache, dass die in diesen Ideologien formulierten Vorstellungen bis in die Gegenwart in unterschiedlichen Bezugssystemen (Alltag, Kultur, Medien) und Orientierungsmustern (Fremdenfeindlichkeit, Nationalsozialismus, Antisemitismus, Apartheit, Rechtsextremismus) anzutreffen sind und Rassismus so immer noch als Legitimation für die Diskriminierung von Menschen genutzt wird. Der Begriff zielt heute auf die Kritik der damit angesprochenen Praxis und Legitimierung von Ungleichbehandlung, Ausschließung oder sogar Vernichtung von Menschen und richtet sich auch auf die Mobilisierung von Gegenpositionen, die sich sowohl auf wissenschaftliche Begründungen als auch auf die Orientierung an Menschenrechten und Aufklärung stützen."

Sein Ich – stimmt. Die UN (Die Organisation der Vereinten Nationen) wandte sich schon 1965 im „Internationalen Übereinkommen zur Beseitigung jeder Form von Rassendiskriminierung" gegen: „jede auf der Rasse, der Hautfarbe, der Abstammung, dem nationalen Ursprung oder dem Volkstum beruhende Unterscheidung, Beschränkung oder Bevorzugung, die zum Ziel oder zur Folge hat, dass dadurch ein gleichberechtigtes Anerkennen, Genießen oder Ausüben von Menschenrechten und Grundfreiheiten im politischen, wirtschaftlichen, sozialen, kulturellen oder jedem sonstigen Bereich des öffentlichen Lebens vereitelt oder beeinträchtigt wird".

Er – die UN hat hier den Fokus auf die Folgen von Rassismus für Betroffene gelegt, dass nämlich kein gleichberechtigter Zugang zu den Menschenrechten besteht und ihnen die Teilhabe am öffentlichen Leben und der Zugang zu Ressourcen erschwert werden.

Sein Ich – stimmt. Die Europäische Kommission gegen Rassismus und Intoleranz, als unabhängige Kommission des Europarats, definiert Rassismus als „die Überzeugung, dass ein Beweggrund wie Rasse, Hautfarbe, Sprache, Religion, Staatsangehörigkeit oder nationale oder ethnische Herkunft die Missachtung einer Person oder Personengruppe oder das Gefühl der Überlegenheit gegenüber einer Person oder Personengruppe rechtfertigt". Hier liegt der Fokus auf der Funktion, die Rassismus für weiße Menschen hat: Aufwertung der eigenen Person oder der eigenen Gruppe".

Er – in diesen Definitionen wird der Kern von Rassismus deutlich. Menschen werden nach äußerlich oder vermeintlich kulturellen Merkmalen eingeteilt und die anderen als weniger wert oder weniger gut eingestuft. Unsichtbar bleibt dabei leider oft, dass diese Einteilung Privilegien für die einen schafft und zur Fortführung von ungleichen Machtstrukturen beiträgt. Eine Frage, die sich in dem Kontext stellt, ist, ab wann Rassismus einsetzt. Nach Noah Sow (ist eine deutsche Autorin, Musikerin, Labelbetreiberin, Aktivistin, Medienkritikerin, Produzentin und Künstlerin, die sich intensiv in unterschiedlichen Projekten der Antirassismusarbeit engagiert) ist nicht erst die Auf- und Abwertung der konstruierten Gruppen rassistisch, sondern bereits die Überzeugung, dass es unüberbrückbare Unterschiede zwischen den Gruppen gibt. Im Alltagsrassismus

198

und dem vermeintlich positiven Rassismus verdeutlicht sich die Behauptung des Unterschiedes.

Sein Ich – „Rassismus ist nicht erst die negative Reaktion auf einen angeblichen Unterschied, sondern bereits die Behauptung des Unterschieds".

Er – und die Gesetzeslage ist hier auch eindeutig:

Strafgesetzbuch
§ 130 Volksverhetzung

(1) Wer in einer Weise, die geeignet ist, den öffentlichen Frieden zu stören,

1. gegen eine nationale, rassische, (...) oder durch ihre ethnische Herkunft bestimmte Gruppe (...) zum Hass aufstachelt, zu Gewalt- oder Willkürmaßnahmen auffordert oder

2. die Menschenwürde anderer dadurch angreift, dass er eine vorbezeichnete Gruppe (...) beschimpft, böswillig verächtlich macht oder verleumdet,

wird mit Freiheitsstrafe von drei Monaten bis zu fünf Jahren bestraft.

Charta der Grundrechte der Europäischen Union
Artikel 21 – Nichtdiskriminierung
Diskriminierungen insbesondere wegen des Geschlechts, der Rasse, der Hautfarbe, der ethnischen oder sozialen Herkunft, der genetischen Merkmale, der Sprache, der Religion oder der Weltanschauung, der politischen oder sonstigen Anschauung, der Zugehörigkeit zu einer nationalen

Minderheit, des Vermögens, der Geburt, einer Behinderung, des Alters oder der sexuellen Ausrichtung sind verboten.

Allgemeines Gleichbehandlungsgesetz (AGG)
§ 1 Ziel des Gesetzes
Ziel des Gesetzes ist, Benachteiligungen aus Gründen der Rasse oder wegen der ethnischen Herkunft, des Geschlechts, der Religion oder Weltanschauung, einer Behinderung, des Alters oder der sexuellen Identität zu verhindern oder zu beseitigen.

Sein Ich – aber der Begriff Rasse steht in Gesetzestexten, prominent weit vorne im Grundgesetz.

Art. 3 GG (aktuelle Fassung)

(3) Niemand darf wegen seines Geschlechtes, seiner Abstammung, seiner Rasse (…) benachteiligt oder bevorzugt werden.

Auch in anderen Verfassungen ist der Begriff noch enthalten, historisch gesehen aus gutem Grund. Das Verbot der Diskriminierung wegen der „Rasse" war beispielsweise in Bremen 1947 in expliziter Abgrenzung zu der rassistischen Ideologie und der Vernichtungspolitik des Verbrecherregimes des Nationalsozialismus in die bremische Landesverfassung aufgenommen worden, so auch in andere Landesverfassungen.

Er – soll der Begriff „Rasse" im Grundgesetz bleiben?

Sein Ich – über den Begriff „Rasse" im Grundgesetz wird viel diskutiert, denn Artikel 3 GG (Grundgesetz) beinhaltet einen Widerspruch. Er geht gegen Diskriminierung vor, suggeriert durch seine Formulierung jedoch, dass es unterschiedliche Menschenrassen gibt, eine rassistische Vorstellung, die der Artikel entgegenwirken soll. Das Deutsche Institut für Menschenrechte hat sich in einem Positionspapier klar gegen die aktuell gültige Formulierung gestellt. „Eine Änderung des Grundgesetzes wäre ein wichtiges Signal, um die scheinbare Akzeptanz von Rassenkonzeptionen zu beenden", erklärte Beate Rudolf, Direktorin des Deutschen Instituts für Menschenrechte. Das Institut erarbeitete ein Vorschlag für eine neue Formulierung:

Änderungsvorschlag für Art. 3 GG:

„Niemand darf rassistisch oder wegen seines Geschlechtes, seiner Abstammung (...) benachteiligt oder bevorzugt werden."

Kritiker werfen diesen Änderungsvorhaben eine „Gesetzgebungskosmetik" vor (z.B. Welt.de).

Die Sorge dahinter ist, dass mit der Streichung des Begriffs aus dem Grundgesetz auch die rechtliche Grundlage verschwindet, gegen Rassismus vorzugehen. Diese Sorge formuliert beispielsweise auch das Missy-Magazin: „Während Rassismus keine biologisch verbürgten Rassen braucht, um zu funktionieren, wird Antirassismus-Arbeit ohne einen spezifischen sozialwissenschaftlichen Rassebegriff schwierig, weil ohne diesen nicht klar ist, worüber gesprochen wird.

Mehrere Bundesländer diskutieren darüber den Begriff aus ihren Verfassungen zu streichen.

Er – ich schließe mich der Meinung des Deutschen Instituts für Menschenrechte an, die Änderungsformulierung finde ich eindeutig.

Sein Ich – da stimme ich dir zu. Rassismus fängt aber im Alltag an. Die Abwertung von Menschen andere Herkunft oder Hautfarbe geschieht mitten unter uns, in der Schule, am Arbeitsplatz, im Straßencafé oder auf jeder beliebigen Party oder Feier usw. Oft sind wir es auch selbst, die verletzende Begriffe verwenden, andere Menschen ausgrenzen oder vorgefertigte Vorstellungen im Kopf haben. Es stellt sich auch die Frage was ist rassistisch, wie eingangs besprochen, der Melchior bei den Heiligen drei Königen, das Zigeunerschnitzel, der Mohrenkopf, das Lied 10 Kleine Negerlein, Jim Knopf und viele Märchen usw.. Rassismus fängt im Kopf an. Was können wir dagegen tun?

Er – „Zeit für die Schule, www.zeit.de/schulangebote, hat in der Juliausgabe 2018 20 Empfehlungen gegeben, um weniger rassistisch zu sein. Ich führe diese hier wörtlich auf:
„ZEIT für die Schule«-Arbeitsblätter | Alltagsrassismus – und wie ich damit umgehe. War nur ein Witz? Vielleicht. Aber man kann sich rassistisch verhalten, ohne dass man es will. Und dann? Ein paar Punkte zum Weiterdenken
1. Wenn du Menschen beim Small Talk fragst, woher sie kommen, und sie antworten München – dann ist das vermutlich einfach so. Frag bitte nicht (sofort) nach

ihren Eltern, Großeltern und Urgroßeltern. Frag lieber dich: Warum ist dir das so wichtig? Kann das weg?

2. War nur 'n Witz und nicht böse gemeint? Vielleicht für dich. Bei Betroffenen kommt das oft nicht so rüber. Viele verbinden rassistische Witze mit gewaltvollen Erfahrungen. Und ganz ehrlich: Wer Witze auf Kosten ohnehin benachteiligter Menschen macht, ist einfach nicht lustig.

3. Wenn du miterlebst, dass Menschen rassistisch behandelt werden: Frag die Betroffenen diskret, was du für sie tun kannst. Tu nichts, was Betroffene nicht wollen.

4. Ein kluger Mensch namens Vernā Myers sagte in einem TED-Talk: „Diversität ist, zu einer Party eingeladen zu werden. Inklusion ist, wenn man gefragt wird, ob man tanzen will." Gemeinsames Essen geht auch.

5. Deine Freunde oder Verwandte machen rassistische Bemerkungen, oder sie posten rassistische Inhalte? Du kannst dich ausloggen, andere können es nicht. Überlasse deshalb die Reaktion nicht jenen, die sich ständig damit herumschlagen müssen. Sich immer wehren zu müssen, ist sehr anstrengend.

6. Wenn du andere Menschen im Kampf gegen Rassismus unterstützen willst, dann geht es um die anderen – nicht um dich.

7. Die Frage nach Rassismus-Erfahrungen ist sehr persönlich. Viele haben schlechte Erfahrungen in sich vergraben. Respektiere die Tatsache, dass nicht jeder und zu jeder Zeit mit dir darüber sprechen möchte.

8. Nicht alle Menschen mit Migrationshintergrund sind Expertinnen für Einwanderung, Integration, Islam oder fremde Länder. Wenn sie offensichtlich keine Ahnung

davon haben, dann behandle sie so wie alle Menschen, die keine Ahnung davon haben.

9. Umgekehrt haben Experten für Migration oder Diskriminierung oft langjährige eigene Erfahrung mit diesen Themen. Wenn du von ihnen lernen willst, hör ihnen zu wie allen Experten, oder stelle Fragen. Belehre sie bitte nicht mit privaten Anekdoten.

10. Wenn du die Möglichkeit hast, jemandem eine Stimme zu geben (in einem Aufsatz, bei einer Veranstaltung), dann suche auch nach Autoren und Sprecherinnen mit Migrationshintergrund. Wenn du selbst absagst, gib eine Empfehlung. Gib dein Rampenlicht an Menschen ab, die wenig gehört werden.

11. Menschen, die Rassismuserfahrungen gemacht haben und sie anprangern, sind nicht pauschal dumm, hysterisch oder verrückt. Ihre Erfahrungen sind vielleicht kein Allgemeinwissen. Aber sie sind deswegen nicht falsch.

12. Du findest schwarze Männer oder Asiatinnen besonders heiß? Es gibt eine lange Geschichte der Sexualisierung von Fremden. Betroffene empfinden diese vermeintlich positiven Zuschreibungen manchmal als entwürdigend.

13. Es gilt grundsätzlich, bei diesem Thema aber umso mehr. Eigne dir das Wissen fremder Leute nicht so an, als wäre es dein eigenes. Wenn du etwas Interessantes gehört oder gelesen hast, zitiere die Urheberin oder den Urheber.

14. Als Frau oder Ossi machst du ähnliche Erfahrungen wie Migranten? Setze Rassismus nicht mit anderen Diskriminierungsformen wie Sexismus gleich.

Manchmal wird es noch komplizierter: Diskriminierungsformen können sich überlappen und verstärken, wenn eine Person mehrfach diskriminiert wird. Manche sind schwarz, weiblich, homosexuell und haben körperliche Einschränkungen und sind in Ostdeutschland groß geworden.

15. Es gibt für dich keine Hautfarben, weil alle Menschen gleich sind? Menschen, denen eine dunkle Hautfarbe zugeschrieben wird, machen wegen dieser zugeschriebenen Hautfarbe andere Erfahrungen. Das kann man einfach so akzeptieren.

16. Wenn dich jemand darauf hinweist, dass eine Bemerkung verletzend war, atme tief durch und zähle im Kopf bis mindestens zehn, am besten bis 100, bevor du zum Gegenangriff übergehst. Vielleicht hat sich der Gegenangriff bis dahin verflüchtigt. Dann hättest du nur einmal verbal verletzt, das reicht.

17. Fühl dich bei Debatten über Rassismus oder Weiße nicht persönlich angegriffen. Es geht um einen gesellschaftlichen Missstand, nicht um dich.

18. Trenne die analytische Kritik am Rassismus von deinem individuellen Handeln. Manche Phänomene muss man auch analysieren können, ohne in eine Gut-oder-böse-Diskussion zu verfallen.

19. Nur weil du niemanden mit Rassismuserfahrungen kennst, heißt das nicht, dass es keinen Rassismus gibt.

20. Es geht nicht um Schuld, sondern um Verantwortung.

Sein Ich – Rassismus fängt bei uns im Alltag an. Die Journalisten Dunja Hayali hat am 10.12.2020, 15:43 Uhr in Focus online richtig formuliert: „Jeder von uns hat einen ganz kleinen Mini-Rassisten in sich. Jeder von uns muss sich hinterfragen. Ich übrigens auch. Ich glaube, dass jeder von uns einen ganz kleinen Mini-Rassisten in sich hat und zwar ganz unbewusst und nicht absichtlich. Und sich da mal zu hinterfragen und zu reflektieren, ob man zum Beispiel „Zigeunerschnitzel" sagen muss. Muss man denn einer Frau mit einer anderen Hautfarbe in die Haare greifen? Muss man einem Jungen, der schwarz ist, sagen, dass es ja klar sei, dass er Basketball spielt? Das sind einfach Klischees, es sind Zuschreibungen, es sind Stigmatisierungen. Und das sind ja jetzt noch die harmlosesten Beispiele. Ich wünsch mir einfach, dass wir Fortschritte erleben und dass wir einfach näher zusammenrücken und erkennen, wie großartig es ist, in einem Land mit Vielfalt zu leben. Warum nutzen wir diese Potenziale nicht? Und damit meine ich nicht nur wirtschaftlich, sondern auch gesellschaftlich. Wir sind schon ein tolles Land mit ganz, ganz vielen tollen Menschen, die das übrigens alle sehen und erkennen.

Wir dürfen auch nicht so tun, als wäre unser ganzes Land rassistisch oder die Hälfte unseres Landes, das ist Quatsch. Aber da immer wieder hinzugucken und den Finger in die Wunde zu legen, dafür bin ich dankbar und würde mir wünschen, dass der Rassismus in Zukunft auch weniger wird. Wenn ich allerdings in die „asozialen Medien" gucke, dann könnte man schon meinen, dass die Lauten die Mehrheit sind in unserem Land. Das sind sie aber nicht."

Er – dann haben wir uns in der Vergangenheit und auch in der Zukunft gut eingesetzt, uns in der Öffentlichkeit, in unseren Büchern, in den Medien klar gegen Rassismus immer wieder zu positionieren.

Sein Ich – dann war mein Einwand gegen deine Aussage – „Sieh mal, da ist eine schwarze Kuh dabei, eine Negerkuh" – richtig und wichtig.

Er – genau, denn mit Frau Hayali zu sprechen, der kleine Mini-Rassist in mir.

Sein Ich – und genau da liegt der Ansatz. Wir müssen beim Denken schon anfangen, unsere Gedanken zu prüfen, ob diese einen rassistischen Ansatz haben, bevor sie über die Lippen in die Öffentlichkeit kommen.

Er – und genau das habe ich heute morgen nicht gemacht.

Sein Ich – obwohl wir für unsere lange Tour, die du ja so schnell durchgehen kannst, jetzt viel Zeit verloren haben, war diese Diskussion für unser Denken sehr wichtig.

Er – jetzt sollten wir aber die Tour fortsetzen, sodass wir vor Dunkelheit noch ans Auto kommen.

Er und sein Ich – setzten die Tour fort und kamen vor der Dunkelheit glücklich, aber etwas down am Auto an, weil sie jetzt wegen der Zeit zügiger gelaufen waren.

01.01.2022 Aktuell – Prosit Neujahr 2022

Neujahresmoos

Am Neujahrestag
Schimmert im Sonnenschein
Das Moos im zarten Grün
Es leuchtet uns den Weg
In die Natur 2022
Sagt Zufriedenheit und Glück
Steht für Hoffnung
Aber auch für Unreife und Gift
Vergiftet unsere Gesellschaft
Nicht durch Spaltung
Hoffnung auf einen neuen Start
Mit und in der Natur
Das Naturlicht leuchtet schon im Horizont

Lebewesen Mensch

Mein erster Name ist Lebewesen
Mein zweiter Name ist Mensch
Eine vom Aussterben bedrohte Art
Schützenswert wie alle Kreaturen
Menschlicher Artenschutz
Fängt beim Menschen an
Bei der Achtung der Mitmenschen
Ohne menschliche Aufteilung nach Machtkriterien
Weder Rasse, Geschlecht, gesund, krank, geimpft …
Mensch ist Mensch
Achte auf die Natur und alle Kreturen
Denke immer daran
Du Mensch bist auch nur eine Art
Wie alle Kreaturen in und mit der Natur
Dann ist deine Art auch schützenswert

Manipuliertes Leben

Manipuliertes Leben
Von der Wiege bis zum Sarg
Bestimmt von Meinungsmachern
Marketing und Merchandising
Schmerzen, keine
Behandlung aus der Werbung
Schmerzen, vorgegeben, müssen sein
Eine Pille für die nächste Pille
Einkaufstaschen gefüllt
Nach Angebotsvorgabe
Obwohl es mir nicht schmeckt
Neue Küche, neues Schlaf- und Wohnzimmer
Weil Preisnachlass von fünfzig Prozent
Obwohl nicht notwendig
Ein Gespräch mit dem Nachbarn
Nachbar sagt
Das musst du haben, so musst du leben
Gesellschaftsvorgaben sonst nicht erfüllt
Fremdbestimmung statt Selbstbestimmung
Fremdes Leben statt eigenes

Felsen der Vergangenheit müssen im Gehirn bewegt werden

Haben wir umgedacht?

Meine Gedanken zum Umdenken aus 2018.

Haben wir was bewegt? 2018 schrieb ich in meinem Buch – Anthologie – Gedichte, Gedanken, Ein Plädoyer für die Erhaltung der Natur und der Menschen:

Rassismus, Nationalstaatlichkeit, Hass, Neid, Gier und Heimtücke, Machtstreben, Konsumabhängigkeit und vieles mehr führen dazu, dass die Menschen selbst den eigenen Suizid vorbereiten und der Natur Schaden zufügen. – Aktuelle Ergänzung: Ist Corona die Antwort der Natur?

Leben Mensch und Mensch – Natur und Mensch – Mensch und Natur nicht miteinander im Einklang, ist das Ende vorprogrammiert.

Es ist kurz vor zwölf, denken wir um.

Un-Generalsekretär António Guterres rief am Neujahrestag 2018 zum Umdenken auf - „… schlage ich Alarm. Ich rufe die Alarmstufe Rot für unsere Welt aus".

In der Taverna in Verona

In der Taverna in Verona
Sitze ich beim Wein
Mit Blick auf die Arena
Gallische Stämme
Schlacht um Verona
Kämpfe der Adelsparteien
Antifranzösischer Aufstand
Krieg, Schlichten, Zerfall, Zerstörung
Jetzt reisen wir in Frieden und Freiheit
Fordern Rassismus im eigenen Land
Grenzschließung und Nationaltum
Die Gemeinschaft zerstören
Wir leben nur einmal
Nein, der Wein hat mir den Sinn
Nicht vernebelt
Warum nicht gemeinsam?
In Frieden und Freiheit
Die Geschichte hat es mich gelehrt

Genuss in Freiheit

Ein Eisbecher in Trento
Ein Vino in Verona
Eine Gardaforelle in Limone
Eine Pizza in Malcesine
Ein Gingerino in Garda
Eine Pasta in Sirmione
Obstshopping in Südtirol
Ein Bier in Nauders
Sonnenschein am See
Erster Schnee in den Bergen
Wo vor nicht all zu langer Zeit
Menschen gegeneinander kämpften
Schöne friedliche Orte
Mensch, zerstöre diese nicht wieder
Sei kein Absager
Trinke lieber einen Gin Tonic als Absacker
Proste auf Frieden und Freiheit
Setze diese Reise fort
Sie darf nie enden
Prosit

Am Ufer des Lago die Garda

Am Ufer des Lago die Garda
In Limone sul Garda
Sitzt der kleine Philosoph
Lauscht interessiert
Den fremden Sprachen in Italien
Von bayerisch bis mainzerisch
Ist jeder Dialekt vertreten
Ausländerfeinde unterwegs
In fremdem Land
Rassistische Eroberung oder Urlaubsfreude
Wacht auf
Vereint sind wir in Europa
Politiker, vermittelt das den Menschen
Schafft Gleichheit in der EU
Die Menschen müssen verstehen
Was wir erreicht haben in all den Jahren
Nach einer Schreckensherrschaft
Freiheit und Friede
Erhaltet dies

Erinnerungen an Dijon

Da sitze ich
In Dijon im kleinen Straßencafé
Umgeben von Menschen vieler Nationen
Gefahren ohne Grenzkontrollen
Fragt sich der kleine Philosoph
Wo sind hier die Rassisten
Urlaubsfeinde oder Heuchler
Egoisten, Spinner, Hirngeschädigte
Dummheitsgeplagte
Mir gefällt die Weltoffenheit
Der Weg zum Frieden
Als Deutscher sage ich danke
Für diese Chance
Die Europa und die Welt uns gab
Keine Selbstverständlichkeit nach 1945

7 Tage Deutscher

7 Tage die Woche ausländerfeindlich
Bin ich ein guter Deutscher
Montags esse ich italienisch
Dienstags esse ich türkisch
Mittwochs esse ich spanisch
Donnerstags esse ich chinesisch
Freitags esse ich libanesisch-arabisch
Samstags esse ich thailändisch
Sonntags esse ich russisch
Dazu trinke ich einen französischen Rotwein
Als Digestif einen Cognac, Whisky oder Wodka
Jetzt bin ich gut deutsch satt
Die 7-Tage-Woche kann erneut beginnen

Rassistisches Verhungern

Suche ich einen Gasthof
Ist das Angebot vielfältig
Italiener, Chinese, Vietnamese,
Türke, Spanier, Grieche, …
Nein, den Deutschen hab ich nicht vergessen
Es gibt ihn nur noch am Stammtisch
Beim ausländischen Mitbürger
Gerne lässt er sich
Von Ausländern bedienen
Bei Deutschen wäre mangels
Arbeitswille und Wohlstand Selbstbedienung
Höre ich die Sprüche
Von deutschen Grenzen dicht
Schützt das Vaterland
Frag ich mich
Merken diese rassistischen Dummköpfe nicht
Ohne unsere ausländischen Mitbürger
Würden sie verhungern und verdursten
Nur vom Ausländerfeindlichkeit im Kopf
Löscht man den Durst nicht und wird nicht satt
Denke ich dann weiter
Stellt sich mir die Frage
Warum kocht diese Brut nicht selbst
Zu faul, zu bequem, zu unfähig
Mein Dank gilt den ausländischen Mitbürgern
Für gutes Essen und gutes Trinken
Sonst wäre die Gastronomie ausgestorben

Die Kirche und die Menschenrechte

Er – zu **seinem Ich** – warum bist du so aufgeregt?

Sein Ich – morgens und abends, wenn ich den Radio anmache, reden die Pfaffen im öffentlich rechtlichen Rundfunk. Die Geistlichen und Gläubigen würden besser mehr beten, dass Krisen wie Corona oder auch der kircheninterne Kindesmissbrauch verhindert werden, wenn das helfen soll, oder hilfreich ist, was der Klerus immer behauptet. Mein Eindruck ist jedoch, dass immer erst gebetet wird, wenn das Unglück eingetreten ist, aber prophylaktisch nicht. Wieso haben die überhaupt einen Anspruch im öffentlich rechtlichen Rundfunk hier ständig Sendezeit zu bekommen? Es sind nicht alle Menschen gläubig, noch haben wir nicht nur eine Religion und leben in einem angeblich säkularisierten Staat.

Er – die kirchliche Mitwirkung im Hörfunk und Fernsehen ist in der Bundesrepublik verfassungsrechtlich verankert. Das Grundgesetz garantiert in Art. 5 Abs. 2 die Rundfunkfreiheit. Die Verfassungsrichter verpflichten den Gesetzgeber auf einen verfassungsgemäßen rundfunkpolitischen Ordnungsrahmen. Ziel ist es, der Vielfalt der Meinungen im Rundfunk möglichst breit und vollständig Raum zu verschaffen, um so den Bürgern eine freie, umfassende und wahrheitsgemäße Meinungsbildung zu ermöglichen. Daher legen Rundfunkstaatsvertrag, Landesmediengesetze und Sendersatzungen fest, dass die Kirchen als bedeutsame gesellschaftliche Gruppe im Programm der öffentlich-rechtlichen wie der privaten Sender „angemessen" zu Wort kommen müssen. Naturgemäß haben die Kirchen ein besonderes Interesse daran, nicht nur solchermaßen journalistisch vermittelt, quasi als Objekte massenmedialer Darstellung, sondern auch unmittelbar und direkt in selbst gestalteten Sendungen zu Wort zu kommen. Diese so genannten „Drittsenderechte" beruhen auf Artikel 5 des Grundgesetzes (GG) und das Grundrecht der Religionsfreiheit, Art 4 Abs. 1 und 22 GG. Es garantiert den Kirchen von Verfassung wegen die öffentliche Bezeugung der christlichen Botschaft. In den Landesrundfunkgesetzen bzw. Staatsverträgen ist dieser Anspruch unterschiedlich weit gefasst. Teils werden Drittsenderechte auch anderen Religionsgemeinschaften zugesprochen, soweit sie Körperschaften öffentlichen Rechts sind. Teils werden auch andere religiöse Sendungen unter das Drittsenderecht gefasst, also Beiträge zu theologischer Lehre, kirchlichem Leben und zu Fragen der öffentlichen Verantwortung der Kirchen, weil diese dem Schutzbereich der Glaubens- und Bekenntnisfreiheit zugeordnet sind und somit das kirchliche Selbstverständnis an Gewicht gewinnt. Es gibt hier Überschneidungen, rechtlich, inhaltlich, formal. Auch bei den privaten Rundfunkveranstaltern haben die Kirchen Drittsenderechte.

Sein Ich – lange Ausführungen. Das Grundgesetz lässt sich ändern, denn für einen Verein, der nicht mal die Menschenrechte anerkennt, besteht kein Anspruch auf öffentliches Gehör.

Er – weil die Kirche das Recht Gottes höher als die Menschenrechte stellt.

Sein Ich – sollten wir uns nicht erstmal die Menschenrechte ansehen, denn die Kirche erkennt diese nicht nur nicht an, sondern verstößt auch gegen diese.

Er – guter Vorschlag, denn wir reden oft darüber, aber den genauen Inhalt haben wir nicht gelesen. Wie der Brockhaus in seiner Enzyklopädie ausführt: „Mit der Idee der Menschenrechte, die eine jahrhundertealte geistige Tradition hat und u.a. über die Petition of Right (1628), die Virginia Declaration of Rights (1776) oder die französische Erklärung der Menschen- und Bürgerrechte von 1789 auch Eingang in die liberale Verfassungen des 19. Jahrhunderts fand, verbindet sich im modernen rechtlich-politischen Denken und besonders im herkömmlichen, klassischen Verständnis als leitendes normatives Prinzip das der Menschenwürde. Dieses Prinzip sieht den Menschen von Geburt an im Besitz eines unantastbaren, unveräußerlichen Rechts, das ihn als Individuum vor jeder willkürlichen oder solchen Behandlung schützt, die ihn zu einem bloßen Objekt fremden Tuns werden ließe. (Zitat Ende)

Sein Ich – aber die Menschenrechte werden doch weltweit nicht nur von der Kirche missachtet. Denke an unsere Diskussion über die Flüchtlingsproblematik. Wir sollten uns die Menschenrechte im Einzelnen einmal ansehen.

Er – okay dann nehmen wir die Resolution der Generalversammlung der Vereinte Nationen, A/RES/217A (III) von 1948.

„Resolution der Generalversammlung

217 A (III). Allgemeine Erklärung der Menschenrechte

PRÄAMBEL

Da die Anerkennung der angeborenen Würde und der gleichen und unveräußerlichen Rechte aller Mitglieder der Gemeinschaft der Menschen die Grundlage von Freiheit, Gerechtigkeit und Frieden in der Welt bildet, da die Nichtanerkennung und Verachtung der Menschenrechte zu Akten der Barbarei geführt haben, die das Gewissen der Menschheit mit Empörung erfüllen, und da verkündet worden ist, dass einer Welt, in der die Menschen Rede- und Glaubensfreiheit und Freiheit von Furcht und Not genießen, das höchste Streben des Menschen gilt, da es notwendig ist, die Menschenrechte durch die Herrschaft des Rechtes zu schützen, damit der Mensch nicht gezwungen wird, als letztes Mittel zum Aufstand gegen Tyrannei und Unterdrückung zu greifen, da es notwendig ist, die Entwicklung freundschaftlicher Beziehungen zwischen den Nationen zu fördern, da die Völker der Vereinten Nationen in der Charta ihren Glauben an die grundlegenden Menschenrechte, an die Würde und den Wert der menschlichen Person und an die Gleichberechtigung von Mann und Frau erneut bekräftigt und beschlossen haben, den sozialen Fortschritt und bessere Lebensbedingungen in größerer Freiheit zu fördern, da die Mitgliedstaaten sich verpflichtet haben, in Zusammenarbeit mit den Vereinten Nationen auf die allgemeine Achtung und Einhaltung der Menschenrechte und Grundfreiheiten hinzuwirken, da ein gemeinsames Verständnis dieser Rechte und Freiheiten von größter Wichtigkeit für die volle Erfüllung dieser Verpflichtung ist, verkündet die Generalversammlung diese Allgemeine Erklärung der Menschenrechte als das von allen Völkern und Nationen zu erreichende gemeinsame Ideal, damit jeder einzelne und alle Organe der Gesellschaft sich diese Erklärung stets gegenwärtig halten und sich bemühen, durch Unterricht und Erziehung die Achtung vor diesen Rechten und Freiheiten zu fördern und durch fortschreitende nationale und internationale Maßnahmen ihre allgemeine und tatsächliche Anerkennung und Einhaltung durch die Bevölkerung der Mitgliedstaaten selbst wie auch durch die Bevölkerung der ihrer Hoheitsgewalt unterstehenden Gebiete zu gewährleisten.

Artikel 1

Alle Menschen sind frei und gleich an Würde und Rechten geboren. Sie sind mit Vernunft und Gewissen begabt und sollen einander im Geiste der Brüderlichkeit begegnen.

Artikel 2

Jeder hat Anspruch auf alle in dieser Erklärung verkündeten Rechte und Freiheiten, ohne irgendeinen Unterschied, etwa nach Rasse, Hautfarbe, Geschlecht, Sprache, Religion, politischer oder sonstiger Anschauung, nationaler oder sozialer Herkunft, Vermögen, Geburt oder sonstigem Stand. Des weiteren darf kein Unterschied gemacht werden auf Grund der politischen, rechtlichen oder internationalen Stellung des Landes oder Gebietes, dem eine Person angehört, gleichgültig ob dieses unabhängig ist, unter Treuhandschaft steht, keine Selbstregierung besitzt oder sonst in seiner Souveränität eingeschränkt ist.

Artikel 3

Jeder hat das Recht auf Leben, Freiheit und Sicherheit der Person.

Artikel 4 Niemand darf in Sklaverei oder Leibeigenschaft gehalten werden; Sklaverei und Sklavenhandel in allen ihren Formen sind verboten.

Artikel 5

Niemand darf der Folter oder grausamer, unmenschlicher oder erniedrigender Behandlung oder Strafe unterworfen werden.

Artikel 6

Jeder hat das Recht, überall als rechtsfähig anerkannt zu werden.

Artikel 7

Alle Menschen sind vor dem Gesetz gleich und haben ohne Unterschied Anspruch auf gleichen Schutz durch das Gesetz. Alle haben Anspruch auf gleichen Schutz gegen jede Diskriminierung, die gegen diese Erklärung verstößt, und gegen jede Aufhetzung zu einer derartigen Diskriminierung.

Artikel 8

Jeder hat Anspruch auf einen wirksamen Rechtsbehelf bei den zuständigen innerstaatlichen Gerichten gegen Handlungen, durch die seine ihm nach der Verfassung oder nach dem Gesetz zustehenden Grundrechte verletzt werden.

Artikel 9

Niemand darf willkürlich festgenommen, in Haft gehalten oder des Landes verwiesen werden.

Artikel 10

Jeder hat bei der Feststellung seiner Rechte und Pflichten sowie bei einer gegen ihn erhobenen strafrechtlichen Beschuldigung in voller Gleichheit Anspruch auf ein gerechtes und öffentliches Verfahren vor einem unabhängigen und unparteiischen Gericht.

Artikel 11

1. Jeder, der einer strafbaren Handlung beschuldigt wird, hat das Recht, als unschuldig zu gelten, solange seine Schuld nicht in einem öffentlichen Verfahren, in dem er alle für seine Verteidigung notwendigen Garantien gehabt hat, gemäß dem Gesetz nachgewiesen ist.

2. Niemand darf wegen einer Handlung oder Unterlassung verurteilt werden, die zur Zeit ihrer Begehung nach innerstaatlichem oder internationalem Recht nicht strafbar war. Ebenso darf keine schwerere Strafe als die zum Zeitpunkt der Begehung der strafbaren Handlung angedrohte Strafe verhängt werden.

Artikel 12

Niemand darf willkürlichen Eingriffen in sein Privatleben, seine Familie, seine Wohnung und seinen Schriftverkehr oder Beeinträchtigungen seiner Ehre und seines Rufes ausgesetzt werden. Jeder hat Anspruch auf rechtlichen Schutz gegen solche Eingriffe oder Beeinträchtigungen.

Artikel 13

1. Jeder hat das Recht, sich innerhalb eines Staates frei zu bewegen und seinen Aufenthaltsort frei zu wählen.

2. Jeder hat das Recht, jedes Land, einschließlich seines eigenen, zu verlassen und in sein Land zurückzukehren.

Artikel 14

1. Jeder hat das Recht, in anderen Ländern vor Verfolgung Asyl zu suchen und zu genießen.

2. Dieses Recht kann nicht in Anspruch genommen werden im Falle einer Strafverfolgung, die tatsächlich auf Grund von Verbrechen nichtpolitischer Art oder auf Grund von Handlungen erfolgt, die gegen die Ziele und Grundsätze der Vereinten Nationen verstoßen.

Artikel 15

1. Jeder hat das Recht auf eine Staatsangehörigkeit.

2. Niemandem darf seine Staatsangehörigkeit willkürlich entzogen noch das Recht versagt werden, seine Staatsangehörigkeit zu wechseln.

Artikel 16

1. Heiratsfähige Männer und Frauen haben ohne jede Beschränkung auf Grund der Rasse, der Staatsangehörigkeit oder der Religion das Recht, zu heiraten und eine Familie zu gründen. Sie haben bei der Eheschließung, während der Ehe und bei deren Auflösung gleiche Rechte.

2. Eine Ehe darf nur bei freier und uneingeschränkter Willenseinigung der künftigen Ehegatten geschlossen werden.

3. Die Familie ist die natürliche Grundeinheit der Gesellschaft und hat Anspruch auf Schutz durch Gesellschaft und Staat.

Artikel 17
1. Jeder hat das Recht, sowohl allein als auch in Gemeinschaft mit anderen Eigentum innezuhaben.
2. Niemand darf willkürlich seines Eigentums beraubt werden.

Artikel 18
Jeder hat das Recht auf Gedanken-, Gewissens- und Religionsfreiheit; dieses Recht schließt die Freiheit ein, seine Religion oder seine Weltanschauung zu wechseln, sowie die Freiheit, seine Religion oder seine Weltanschauung allein oder in Gemeinschaft mit anderen, öffentlich oder privat durch Lehre, Ausübung, Gottesdienst und Kulthandlungen zu bekennen.

Artikel 19 Jeder hat das Recht auf Meinungsfreiheit und freie Meinungsäußerung; dieses Recht schließt die Freiheit ein, Meinungen ungehindert anzuhängen sowie über Medien jeder Art und ohne Rücksicht auf Grenzen Informationen und Gedankengut zu suchen, zu empfangen und zu verbreiten.

Artikel 20
1. Alle Menschen haben das Recht, sich friedlich zu versammeln und zu Vereinigungen zusammenzuschließen.
2. Niemand darf gezwungen werden, einer Vereinigung anzugehören.

Artikel 21

1. Jeder hat das Recht, an der Gestaltung der öffentlichen Angelegenheiten seines Landes unmittelbar oder durch frei gewählte Vertreter mitzuwirken.

2. Jeder hat das Recht auf gleichen Zugang zu öffentlichen Ämtern in seinem Lande.

3. Der Wille des Volkes bildet die Grundlage für die Autorität der öffentlichen Gewalt; dieser Wille muß durch regelmäßige, unverfälschte, allgemeine und gleiche Wahlen mit geheimer Stimmabgabe oder einem gleichwertigen freien Wahlverfahren zum Ausdruck kommen.

Artikel 22

Jeder hat als Mitglied der Gesellschaft das Recht auf soziale Sicherheit und Anspruch darauf, durch innerstaatliche Maßnahmen und internationale Zusammenarbeit sowie unter Berücksichtigung der Organisation und der Mittel jedes Staates in den Genuß der wirtschaftlichen, sozialen und kulturellen Rechte zu gelangen, die für seine Würde und die freie Entwicklung seiner Persönlichkeit unentbehrlich sind.

Artikel 23

1. Jeder hat das Recht auf Arbeit, auf freie Berufswahl, auf gerechte und befriedigende Arbeitsbedingungen sowie auf Schutz vor Arbeitslosigkeit.

2. Jeder, ohne Unterschied, hat das Recht auf gleichen Lohn für gleiche Arbeit.

3. Jeder, der arbeitet, hat das Recht auf gerechte und befriedigende Entlohnung, die ihm und seiner Familie eine

der menschlichen Würde entsprechende Existenz sichert, gegebenenfalls ergänzt durch andere soziale Schutzmaßnahmen.

4. Jeder hat das Recht, zum Schutze seiner Interessen Gewerkschaften zu bilden und solchen beizutreten.

Artikel 24

Jeder hat das Recht auf Erholung und Freizeit und insbesondere auf eine vernünftige Begrenzung der Arbeitszeit und regelmäßigen bezahlten Urlaub.

Artikel 25

1. Jeder hat das Recht auf einen Lebensstandard, der seine und seiner Familie Gesundheit und Wohl gewährleistet, einschließlich Nahrung, Kleidung, Wohnung, ärztliche Versorgung und notwendige soziale Leistungen, sowie das Recht auf Sicherheit im Falle von Arbeitslosigkeit, Krankheit, Invalidität oder Verwitwung, im Alter sowie bei anderweitigem Verlust seiner Unterhaltsmittel durch unverschuldete Umstände.

2. Mütter und Kinder haben Anspruch auf besondere Fürsorge und Unterstützung. Alle Kinder, eheliche wie außereheliche, genießen den gleichen sozialen Schutz.

Artikel 26

1. Jeder hat das Recht auf Bildung. Die Bildung ist unentgeltlich, zum mindesten der Grundschulunterricht und die grundlegende Bildung. Der Grundschulunterricht ist obligatorisch. Fach- und Berufsschulunterricht müssen allgemein verfügbar gemacht werden, und der Hochschulunter-

richt muß allen gleichermaßen entsprechend ihren Fähigkeiten offenstehen.

2. Die Bildung muß auf die volle Entfaltung der menschlichen Persönlichkeit und auf die Stärkung der Achtung vor den Menschenrechten und Grundfreiheiten gerichtet sein. Sie muß zu Verständnis, Toleranz und Freundschaft zwischen allen Nationen und allen rassischen oder religiösen Gruppen beitragen und der Tätigkeit der Vereinten Nationen für die Wahrung des Friedens förderlich sein.

3. Die Eltern haben ein vorrangiges Recht, die Art der Bildung zu wählen, die ihren Kindern zuteil werden soll.

Artikel 27

1. Jeder hat das Recht, am kulturellen Leben der Gemeinschaft frei teilzunehmen, sich an den Künsten zu erfreuen und am wissenschaftlichen Fortschritt und dessen Errungenschaften teilzuhaben.

2. Jeder hat das Recht auf Schutz der geistigen und materiellen Interessen, die ihm als Urheber von Werken der Wissenschaft, Literatur oder Kunst erwachsen.

Artikel 28

Jeder hat Anspruch auf eine soziale und internationale Ordnung, in der die in dieser Erklärung verkündeten Rechte und Freiheiten voll verwirklicht werden können.

Artikel 29

1. Jeder hat Pflichten gegenüber der Gemeinschaft, in der allein die freie und volle Entfaltung seiner Persönlichkeit möglich ist.

2. Jeder ist bei der Ausübung seiner Rechte und Freiheiten nur den Beschränkungen unterworfen, die das Gesetz ausschließlich zu dem Zweck vorsieht, die Anerkennung und Achtung der Rechte und Freiheiten anderer zu sichern und den gerechten Anforderungen der Moral, der öffentlichen Ordnung und des allgemeinen Wohles in einer demokratischen Gesellschaft zu genügen.
3. Diese Rechte und Freiheiten dürfen in keinem Fall im Widerspruch zu den Zielen und Grundsätzen der Vereinten Nationen ausgeübt werden.

Artikel 30
Keine Bestimmung dieser Erklärung darf dahin ausgelegt werden, daß sie für einen Staat, eine Gruppe oder eine Person irgendein Recht begründet, eine Tätigkeit auszuüben oder eine Handlung zu begehen, welche die Beseitigung der in dieser Erklärung verkündeten Rechte und Freiheiten zum Ziel hat.

183. Plenarsitzung 10. Dezember 1948

Sein Ich – sich die Menschenrechte einmal insgesamt vollumfänglich anzusehen, hat sich gelohnt. Ich werde diese später noch einmal lesen und mit dem Grundgesetz vergleichen. Sehe ich mir das Weltgeschehen an, stellt sich die Frage, für wen wurden diese Menschenrechte ratifiziert?

Er – nachdem ich diese jetzt auch einmal im Gesamten durchgelesen habe, verstehe ich deine Aussage, dass die Kirche gegen die Menschenrechte verstößt, und habe das mal recherchiert. Ich zitiere teilweise aus: „Quart", Zeitschrift des Katholischen Akademikerverbandes, 1/2009, von Univ. – Prof. Dr. Heribert Franz Köck).

(Zitat Anfang) Die moderne Menschenrechtssicht hat ihre Grundlagen in der Scholastik der Neuzeit, wie sie insbesondere von der sog. Schule von Salamanca vertreten wurde, wo sich im Zuge der Eindeckungen neuer Kontinente und dortiger Staatsgebilde die Auffassung durchsetzte, dass die Beziehungen zwischen den Völkern nicht von der Religion, sondern vom Naturrecht bestimmt sei. (…). Für die Kurie stellten sich die Menschenrechte vor allem als eine Kombination protestantischer und revolutionärer Auffassungen dar. Daraus erklärt sich deren Ablehnung durch die Päpste, vor allem jenen des 19. Jahrhunderts. So verwarf noch Leo XIII. in seine Enzyklika Libertas praestantissimum donum von 1888 die Idee der Menschenrechte und Bürgerrechte mit der Formulierung: „Die uneingeschränkte Freiheit des Denkens und die öffentliche Bekanntmachung der Gedanken eines Menschen gehören nicht zu den Rechten der Bürger". An derer Stelle nannte er es völlig ungerechtfertigt, die unbegrenzte Freiheit des Denkens, der Rede, des Schreibens oder des Gottesdienstes zu fordern, zu verteidigen oder zu gewähren, als handle es sich dabei um Rechte, die dem Menschen von Natur aus verliehen sind. Auch im 20 Jahrhundert vertrat man an der Kurie noch die Auffassung, volle Religionsfreiheit können nur den Katholiken zugestanden werden, allen anderen allenfalls eine eingeschränkte Religionsfreiheit und zwar auch nur dann, wenn sich dies aus Opportunitätsgründen nicht vermeiden ließe. Ein letztes markantes Beispiel für eine solche Allianz zwischen Kirche und Staat ist das spanische Konkordat von 1953, in welchem die katholische Religion als Staatsreligion verankert wurde, was man an der Kurie als ideale Regelung ansah. Andere christliche Konfessionen waren hingegen Einschränkungen unterworfen. Erst mit der Erklärung des Zweiten Vatikanums über die Religionsfreiheit Dignitatis humanae bekannte sich die Katholische Kirche zu Religionsfreiheit als zu einem jedem Menschen kraft seiner Natur zustehenden Rechts und zwar ohne Rücksicht darauf, welcher Religion er angehört(…).(Zitat Ende)

Sehen wir uns einmal ein paar Verstöße der Kirche gegen die Menschenrechte an.

1. Das Recht auf ein faires Verfahren

Das kanonische Prozessrecht hat die Entwicklung zum modernen Prozessrecht nicht mitgemacht. Das betrifft insbesondere die Schriftlichkeit des Verfahrens, die es dem Gericht unmöglich macht, sich ein eigenes Bild vom Vorbringen der Parteien und der Zeugen zu machen, den Parteien aber, Zeugen der anderen Seite in Kreuzverhör nehmen, dann bestimmte Beweisregeln, welche die freie Beweiswürdigung des Gerichts ausschließen oder doch beschränken und bestimmte Rechtsvermutungen zum Nachteil der Parteien, die von diesen erst widerlegt werden müssen, obwohl im Zweifel von der Freiheit der Parteien von bestimmten Verpflichtungen auszugehen wäre. Da Unmittelbarkeit des Verfahrens und freie Beweiswürdigung als Grundpfeiler der Rechtsprechung anzusehen sind, verletzt ihr Fehlen das Recht auf ein faires Verfahren.

2. Das Recht auf Achtung des Privat- und Familienlebens

Dieses Recht umfasst auch die freie Entscheidung der Ehegatten über die Art und den Umfang der sexuellen Beziehung, sowie darüber, ob und wie viele Kinder sie wollen. Da jeder der beiden genannten Aspekte einen für sich ein gerechtfertigtes Bedürfnis betrifft, muss es den Ehegatten erlaubt sein, die Befriedigung des einen von der Befriedigung des anderen so zu trennen, dass nicht das eine durch das andere ausgeschlossen oder beeinträchtigt wird. Dies schließt die Freiheit der Mittelwahl ein, die nur dort keine unbeschränkte sein kann, wo diese Freiheit mit der Freiheit anderer auf Genuss ihrer Grundrechte kollidiert. Das Recht auf Leben, auch jenes des Ungeborenen, ist also bei der Wahl der Mittel selbstverständlich in Betracht zu ziehen.

3. Die Gedanken- und Gewissensfreiheit

Nicht nur Einschränkungen, wie sie ein Rede- oder Publikationsverbot für den Betroffenen darstellen, erscheinen als eine Verletzung der Freiheit der Meinungsäußerung. Sie wird schon durch die Verpflichtung zu einem kirchlichen Imprimatur für Druckschriften verletzt, weil das Imprimatur-Verfahren nichts anderes als eine kirchliche Vorzensur ist.

4. Die Versammlungs- und Vereinigungsfreiheit

Mit diesem Grundrecht kollidieren alle Verbote – mögen sie nur für kirchliche Amtsträger oder auch für sonstige Kirchenmitglieder gelten-, sich inner- und außerhalb der kirchlichen Gemeinschaft mit anderen zu versammeln oder Vereinigungen einzugehen und zwar gleichgültig, ob diese Aktivität kirchliche oder weltliche Ziele verfolgen. Daher waren z.B. früher bestehende Verbote zur Mitarbeit in sog. Freien, d.h. weltanschaulich nicht gebundenen Gewerkschaften ebenso menschrechtswidrig, wie es heute das Verbot sog. „Priestergewerkschaften" zum Schutz der Rechte der Priester gegenüber der kirchlich Obrigkeit wäre.

5. Das Recht auf Eheschließung

Hier sind gleich zwei Kernpunkte der heutigen Kirchenkrise angesprochen. Der eine ist die Wiederverheiratung Geschiedener, die sich zwar nicht dem – wie oben ausgeführt, allerdings ohnedies ebenfalls menschrechtswidrigen, weil kein faires Verfahren ermöglichenden – kirchlichen Eheprozess mit dem Ziel der Nichtigkeitserklärung ihrer ersten Ehe unterzogen haben, deren Ehe ab hic et nunc nicht reparabel ist und die daher vor der Wahl stehen, entweder eine neue Ehe einzugehen oder faktisch ehelos zu leben. Das kirchliche Verbot der Wiederverheiratung solcher Geschiedenen ist daher mit dem Recht auf Eheschließung, das ja ganz selbstverständlich auch den umfassenden „Gebrauch" der Ehe einschließt, ebenso unvereinbar wie die an das Zuwiderhandeln geknüpften kirchlichen Sanktionen, z.B. die Nichtzulassung zur Teilnahme am eucharistischen Mahl, außer unter bestimmten (von menschenrechtlichen Standpunkt aus wiederum unzumutbaren) Bedingungen.
Der andere Punkt ist das Verbot der Eheschließung für kirchliche Amtsträger ab einem bestimmten Weihegrad.

236

Ganz abgesehen von den negativen praktischen Folgen dieses Verbots, die von der für die verständnislose Öffentlichkeit oft unglaubwürdigen und daher als scheinheilig betrachteten Lebensführung von in eheähnlich oder zumindest sexuellen Beziehungen lebenden Priestern einerseits bis zu überdurchschnittlichen Konzentration von homosexuell oder pädophil geneigten Personen im Klerikerstand andererseits reichen, ist der Zwangszölibat schon in der Theorie einer der gravierendsten Verstöße des kirchlichen Rechts gegen die Menschenrechte und legt vielen, die sich um Priestertum berufen fühlen und glauben, den Zwangszölibat dafür in Kauf nehmen zu müssen und zu können, Lasten auf, die sie später oft bis an oder sogar über die Grenze des physisch und psychisch Erträglichen fordern.

6. Das Recht auf Bildung

Mit diesem Recht sind Bücherverbote unvereinbar, mögen sie sich wie einst um das Lesen der Bibel in der Landessprache oder wie bis zum Zweiten Vatikanum um den Index librorum prohibitorum handeln, auf dem im Laufe der Zeit die Werke so gut wie aller wichtigen Denker der Neuzeit standen, ganz gleich, ob sie sich mit Theologie, Philosophie oder Naturwissenschaften beschäftigten, sodass das Bonmot noch lange im Umlauf war, wer nicht auf dem Index stände, sei nicht bedeutend. Vom Recht auf Bildung dürfte sich aber wohl auch die Verpflichtung ableiten lassen, die Schüler und Studenten in kirchlichen Lehranstalten eine umfassende Bildung auf dem letzten Stand der Wissenschaft zu vermitteln, ob es sich dabei nun um eine altersangemessene Sexualkunde, um naturwissenschaftliche

Erkenntnisse oder um neue exegetische Einsichten handelt. (…). Dass die Wissenschaft, auch die theologische, von der kirchlichen Obrigkeit noch immer als Gefahr und nicht als Chance gesehen wird, zeigen die Ausschnitte von Jozef Ratzinger/Benedikt XVI. gegen die moderne Exegese in seinem Buch „Jesus von Nazareth".

7. Die Berufsfreiheit und das Recht zu arbeiten

Diese Freiheit umfasst das Recht, sich frei für einen Beruf zu entscheiden zu können. Dieses Recht der freien Berufswahl darf keinen anderen Beschränkungen unterworfen werden als jenen, die sich seiner Natur nach ergeben. Wer die Anforderungen, die ein bestimmter Beruf notwendig mit sich bringt, nicht erfüllen kann, ist natürlich von seiner Ergreifung ausgeschlossen.

Im kirchlichen Bereich ist mit der Berufsfreiheit ebenfalls ein Kernpunkt der gegenwärtigen Krise angesprochen (…). Der entscheidende Knackpunkt bei der Berufsfreiheit ist aber, dass die Kirche den Zugang zu mit einem bestimmten Weihegrade verbundenen kirchlichen Ämtern für verheiratete Personen im weitaus größten Bereich, nämlich jenem des lateinischen Ritus, grundsätzlich verschließt. Da man aber nicht behaupten kann, dass verheiratete Personen von Natur aus zur Ausübung derartiger Ämter untauglich wären – dagegen spricht schon rein faktisch das Beispiel der verheirateten Priester in den katholischen Ostkirchen sowie im gesamten Bereich der Orthodoxie und anderen Orientalen, bei den Anglikanern, den Altkatholiken und den Evangelischen Kirchen -, handelt es sich um eine unzulässige Beschränkung des Grundrechts auf Berufsfreiheit, das wiederum Teil des umfassenderen Menschenrechtes ist, das eigene Leben in Freiheit nach den eigenen Vorstellungen zu gestalten.

8. Das allgemeine Diskriminierungsverbot

Die Katholische Kirche verweigert bekanntlich Frauen den Zugang zu allen mit der Weihe verbundenen Ämtern und Funktionen und beruft sich dabei auf die Tradition, die heute freilich sonst nur noch von den Orthodoxen und anderen Orientalen gepflogen wird, bei den Anglikanern, den Altkatholiken und den Evangelischen hingegen bereits aufgegeben wurde. Unterschiedlich Rechte und Pflichten für Frauen und Männer dürfen nur dort angenommen werden, wo sie sich aus der Natur der Sache ergeben. Die Einwände gegen die Zulassung von Frau zu Ordination beruhen aber auf keinen natürlichen Unterschieden von Mann und Frau (…). Eine solche Ungleichheit könnte nur darin begründet sein, dass kirchliche Amtsträger in persona Christi handeln und Jesus auch Dinge getan habe, die nur ein Mann tun könne. Es lässt sich aber nicht in einem einzigen Punkt zeigen, dass Jesus irgendetwas getan hat, für das es nicht genügt hätte, bloß Mensch zu sein und wofür man hätte spezifisch Mann sein müssen (…).

9. Das Recht auf wirksame Beschwerde bei Verletzung eines Menschenrechts

Unter einer wirksamen Beschwerde ist eine solche zu verstehen, welche die Überprüfung der behaupteten Verletzung durch eine unabhängige und unparteiische Instanz auf der Grundlage eines rechtlich ausreichend verankerten Katalogs anerkannter Menschenrechte ermöglicht. In der Katholischen Kirche gibt es aber keinen solchen Menschenrechtskatalog und der Umstand, dass man einen solchen von Seiten der Kurie nicht wollte, mag dazu beigetragen haben, dass das noch unter Paul VI. diskutierte Projekt einer Lex fundamentalis ecclesiae nicht zur Ausführung kam. Weiteres gibt es auch keine unabhängige und unparteiische Instanz, weil es in der Kirche – im Gegensatz zum Staat – bisher noch nicht einmal theoretisch gelungen ist, das Prinzip der Gewaltenteilung zur Anerkennung zu bringen, obwohl dasselbe ohnedies nur ein relatives sein kann, weshalb es im Staat nicht der Einheit der Staatsgewalt und in der Kirche nicht der Einheit der Kirchengewalt entgegensteht. (…)..

Damit fehlt nur noch die Antwort auf die Frage, wie Menschenrechte heute in der Kirche durchgesetzt werden können. Dass eine Durchsetzung in einem Rechtsförmigen Verfahren mangels eines entsprechenden kirchenrechtlich verankerten Rechtsschutzes derzeit nicht möglich ist, haben wir schon festgestellt. Manche potenzielle Menschenrechtsverletzungen werden zum Glück praktisch nicht spürbar, z.B. dort, wo die kirchliche Seelsorge aus pastoralen Gründen bestimmte Verbote in ihrer Verbindlichkeit im Einzelfall relativiert, wie dies bisweilen bei der Segnung einer zweiten Ehe oder der Zulassung kirchenrechtlich unzulässig Verheirateter zum eucharistischen Tisch geschieht. In anderen Fällen liegt es am Betroffenen selbst, seine Menschenrechte im Rahmen der gegebenen Möglichkeiten zu nutzen und menschenrechtswidrige kirchliche Normen zu ignorieren.

Sein Ich – du siehst, die Kirche hat nicht nur die Menschenrechte nicht unterzeichnet, sondern verstößt auch gegen diese in vielfältiger Weise und du hast nur Ausschnitte aufgeführt. Ändern wird sich in naher Zukunft nicht viel. Während des Pontifikats von Benedikt XVI. kann man von einer Obsession bezüglich des göttlichen Naturrechts sprechen. Franziskus dagegen hat deutlich gemacht, dass unter seinem Pontifikat diese Fixierung nicht mehr so wichtig ist. Er sagte es klar: „Die Kirche darf nicht wollen, dass sich die Menschen ihrem Recht unterordnen, sondern sie muss die Frohe Botschaft verbreiten." Dass der Vatikan aber bald schon UNO- und EU-Menschenrechtserklärung unterzeichnet, wird auch von Historikern nicht erwartet. Papst Franziskus hat das Dogma des göttlichen Naturechtes allem menschlichen Recht übergeordnet, nicht etwas abgeschafft, sondern nur weniger wichtig gestellt.

Er – alles nur Kosmetik.

Sein Ich – genau. Wir sollten diese Diskussion beenden. Sie war anstrengend und regt dazu an, sich weitere Gedanken zu machen, wie die Menschenrechte nicht nur in der Kirche vollumfänglich umgesetzt werden können.

Er – da stimme ich zu.

Er und Sein Ich – waren sich einig und beendeten die Diskussion, mit dem Himmelsblick der Katze Mimi und ein paar weiterer Gedanke in Gedichten.

Keine Moral ohne Gott

Keine Moral ohne Gott
Ethik adieu
Per Dekret
Wird entschieden
Was gut oder böse ist
Moral, gottgegeben
Papst Benedikt XVI
Einfaches Spiel
Der Kirchenmacht
Zur Vernebelung der Menschheit
Moral ist menschengegegeben
Aus der Menschheit
Dem Glaubensmenschen
Dem Atheiisten
Dem Agnostiker
Dem, dem, dem …
Teil der freien Ethik
Gäbe es Gott
Wäre das Ergebnis gleich
Menschenmoral der freien Ehtik

Fronleichnam

Fronleichnam-Feiertag für alle
Ob Atheist, Agnostiker
Moslem, Buddhist …
Staatlich verordnet
Der Leib und das Blut Christi wird gefeiert
Wo sind die Feiertage für die anderen
In einem säkularisierten Land
Gleichheit für alle in der Gesellschaft
Keine Bevorzugung eines Teiles
Individuelle Feste
Wie Fronleichnam
Dafür gibt es Urlaubstage

Gott

Der Theist sagt
Es gibt einen Gott
Der Atheist sagt
Es gibt keinen Gott
Ein Streit um Gott
Gleiches Thema
Der Agnostiker
Streitet nicht um Gott
Er sucht die Erkenntnis
Die nicht im Glauben liegt
Religion ist menschliche Tarnung
Für Macht, Gier, Hass, Neid …
Fragt die Natur
Die kennt keinen Gott
Sie ist das Fundament der Erkenntnis

Kirchlicher Gehorsam

Gehorsam sollst du sein
Unfehlbar ist der oberste Ernannte
Den Zölibat interessiert das nicht
Die Hormone ohne Hirn haben Vorrang
Den Kindern das Leben zerstören
Beichten können wir
Thomas von Aquin wusste schon
Dass Gott wusste, dass das Weib
Später dem Mann eine Gelegenheit
Zur Sünde ist
So sind die Nonnen freiwillig
Aus Berufung eine Sünde
Beten und fürbitten wir gemeinsam
Gegen diese Sündenlaster
Das Strafgesetzbuch ist dünner als die Bibel
Kann diese aber weltlich fassen
Wie kann man da noch glauben
Wo Verbrechen abgesegnet werden
Wo die Beichte Richter spielt
Schulderlass für Kriminelle
Wo beten im Nachhinein hilfreich sein soll
Für die Taten, die beten vorher nicht verhindern konnte

Fasten

Fastet
Gegen Scheinheiligkeit
Gegen Unehrlichkeit
Gegem Glaubenshokuspokus
Gegen Waffenlieferungen
Gegen Kriege
Gegen Unmenschlichkeit
Gegen Rassentrennung
Gegen Nationalstaatlichkeit
Gegen Diktatur
Gegen Tierquälerei
Gegen Naturverbrechen
Gegen rechte und linke Dummheit

Fastet nicht als Lebenslüge
Gegem Autofahren
Gegen Schokolade
Gegen Wurst
Gegen Fleisch
Gegen Alkohol
Gegen Sex

Fasten ist nicht ein Schauspiel
Für den erfundenen Glauben
Fasten heißt
Leben mit und in der Natur
Das ganze Jahr
Nicht beschränkt auf ein paar Tage

Augen öffen für unsere Zeit
Nicht verschließen
Wie es unsere Großeltern und Eltern machten
Sonst ist Fasten Makulatur
Denn mit und ohne Fasten
Haben wir uns dann selbst zerstört

Tod

Der Tod kommt aus der Natur
Das Christentum hat den Tod
Zum Angstgegner ernannt
Das bevorstehende letzte Gericht
Der ewigen Verdammnis
Ein kluges Machtsicherungsinstrument
Den Tod der Natur entreißen
Für Macht und Kirchenprofit
Im Leben wie im Tod siegt die Natur

Pfingsten

Staatlich gezwungen
Durch unsere frei gewählte Demokratie
Muss ich feiern

Pfingsten

Der heilige Geist wird mir entsandt
Verstehen muss ich das
Weil heilig und staatlich
Durch rezeptpflichtige Säkularisierung verordnet

Verstehen kann ich das nicht
Das Elend auf der Welt
Vom heiligen Geist geschickt

Von der Natur ausgestattet
Mit natürlichem Geist
Ein Geschenk für den Menschen
Zaubern kennt die Natur nicht

Christi Himmelfahrt

Nicht die Christen
Nehmen Urlaub, um zu feiern
Alle haben frei
In einer säkularisierten Gesellschaft

Heuchelt nicht
Grillt nicht
Veranstaltet keine Gartenparty
Tanzt nicht

Feiert
Christi Himmelfahrt
Auch wenn ihr nicht glaubt
Demokratisch zwangsverordnet

Frei ist die Natur
Solche Fahrten kennt sie nicht
Feiertag ist jeder Tag
In der Natur

Allerheiligen

Staatlich zwangsverordneter Hokuspokus
Feiertag für Heilige
Durch Wunder Ernannte
Aber nur in Menschenvorstellung

Im Novembernebel auf dem Friedhof
Da glaubt der Mensch an Wunder
Ein Machtinstrument des Glaubens
Kein Wunder, purer Hokuspokus

Glaubensfeiertage

Ostermontag
Glaubensfeiertage neigen sich dem Ende
Habt ihr die Feiertage genutzt
Habt ihr nach dem Glauben gelebt
Glaubensfeiertage
In einer säkularisierten Gesellschaft
Habt ihr diese für Events missbraucht
Habt ihr diese für Erholung verbraucht
Habt ihr die Tage wider den Glauben gelebt
Zu Lasten des Grundes für die Feiertage
Fragt mal die Natur
Solche Glaubenstage kennt sie nicht

Der Verräter

Karfreitag

Ihr
Gesellschaftsverräter
Im Glauben
Ihr
Judas der Moderne
Wen verratet ihr
Nicht eure
Vom Menschen geschaffene
Religiöse Vorstellung
Nein
Euer Leben die Natur
Heuchelt nicht
Auch nicht an Ostern

Auferstanden

Ostersonntag
Auferstanden
In euren Köpfen
Fragt euch mal
War er gekreuzigt
War er tot
War er ein Schauspieler
War er ein Revolutionär
Hatte er einen Vertreter am Kreuz
Auferstanden vom Tod
Dazu sagt die Natur nein
Die Evangelien und Korinther-Briefe
Widersprechungen von menschlichen Vorstellungen
Wacht endlich auf
In der Natur gibt es keine Auferstehung

Gott –Allah – usw.

Will er nicht
Kann er nicht
Das Unheil verhindern
oder
Will er
Kann er
Das Unheil wollen
oder
Er will nicht
Kann es aber
Das Unheil verhindern
warum
Weil seine Macht
Dann zu Ende wäre
?
Gott – Allah usw.
Hätten sich zum Wohle der Menschen
Selbst aufgelöst

Er und sein Ich – Lebensmottos

1. Wenn du eine Hand in der Vergangenheit lässt, hast du keine zwei für die Gegenwart und Zukunft frei.

2. Wenn du die Schuld suchst, schau unter die Kutte.

3. Man sollte niemals mit einem Dummkopf streiten, denn er zieht dich auf sein Niveau runter und kann dich dort mit seinen Erfahrungen schlagen.

Die Moral und die Kirche

Er und sein Ich – stehen in der Sommersonne auf der Ro-
seninsel am Nahe Ufer in Bad Kreuznach und denken nach
den Überlegungen der Kirche zu den Menschenrechten
über Moral.

Er – fragt sich, gibt es überhaupt eine Moral.

Sein Ich – überlegt, woher stammt Moral? Aus dem französischen morale, ursprünglich aus dem lateinisch – moralis, dem von Cicero neu geprägten Ausdruck philosophia
moralis, übersetzt von éthiké – Ethik. Dann wäre, wenn
man Immanuel Kant folgt, weitgehend ein synonym zu
Ethik, die Wissenschaft von den allgemeinen Regeln des
reinen Willens.

Er – wir sollten hier nicht in die wissenschaftliche Diskussion des Begriffes einsteigen, sondern den Begriff aus der
Lebenspraxis definieren. Für mich ich Moral die Gesamtheit von ethisch-sittlichen Normen, Grundsätzen und Wer-
ten, die das Zusammenleben im zwischenmenschlichen
Verhalten einer Gesellschaft regeln und von dieser als verbindlich akzeptiert werden.

Sein Ich – Moral brauchen wir als Mensch nicht zu lernen,
wie es der Biologe Hans Mohr (geboren 11. Mai 1930 in
Altburg – gestorben 29.12.2016 – war ein Deutscher Biologe und Pflanzphysiologe sowie ein Vertreter einer biologischen Wissenschaftstheorie. Er war Ordinarius am Institut für Biologie II der Universität Freiburg) ausgedrückt

hat: „Wir brauchen moralisches Verhalten nicht zu lernen – es ist eine angeborene Disposition, die uns befähigt, das moralisch Richtige zu entscheiden."

Er – dann kann man Moral nicht lernen, sondern nur verlernen.

Sein Ich – es muss nicht verlernen sein, es kann auch durch Manipulation in der Erziehung, durch Ideologie oder destruktiven Verhaltensweisen ausgelöst werden. Sehen wir uns einmal die goldenen Regeln der praktischen Ethik an.

„Behandle andere so, wie du von ihnen behandelt werden willst."

Schauen wir in die Geschichte, wie hier die sittlichen Grundsätze definiert wurden.

Konfuzius (551–479 v. u. Z.)

„Begegne den Menschen mit der gleichen Höflichkeit, mit der du einen teuren Gast empfängst. Behandle sie mit der gleichen Achtung, mit der das große Opfer dargebracht wird. Was du selbst nicht wünschst, das tue auch anderen nicht an. Dann wird es keinen Zorn gegen dich geben – weder im Staat noch in deiner Familie."

„**Zi-gong (520-456 v. u. Z.)** sprach: „Was man mir nicht antun soll, das will auch ich anderen Menschen nicht antun." Konfuzius aber sagte: „So zu handeln vermagst du noch nicht!"

„Was du von deinem Sohn erwartest, übe im Dienst am Vater; was du von deinen Untergebenen erwartest, übe im Dienst am Prinzen; was du vom jüngeren Bruder erwartest, übe am älteren Bruder; was du vom Freund erwartest, danach behandle diesen zuerst."

„Die Fähigkeit, andere nach dem zu beurteilen, was uns selbst nahe ist, kann das Mittel zur Herstellung von Menschlichkeit genannt werden."

Hinduismus

Das Mahabharata, eine Grundlagenschrift des Hinduismus und Brahmanismus (entstanden von 400 v. bis 400 n. u. Z.), enthält als zentrales Prinzip:
„Man soll niemals einem anderen antun, was man für das eigene Selbst als verletzend betrachtet. Dies, im Kern, ist die Regel aller Rechtschaffenheit." (Dharma)

Jainismus

Im Sutrakritanga, einer kanonischen Schrift des Jainismus, die Mahaviras Lehren überliefert (entstanden 600–300 v. u. Z.), heißt es in der zehnten Lesung über Achtsamkeit:
„Hat man das Gesetz erfüllt und die Sorglosigkeit [Gleichgültigkeit] überwunden, dann sollte man von erlaubter Nahrung leben und alle Lebewesen so behandeln wie man selbst behandelt werden will. Man sollte sich nicht der Schuld aussetzen durch die Begierde nach Leben …"

Buddhismus (500 v. u. Z.)

„Was für mich eine unliebe und unangenehme Sache ist, das ist auch für den anderen eine unliebe und unangenehme Sache. Was da für mich eine unliebe und unangenehme Sache ist, wie könnte ich das einem anderen aufladen?"

Altorientalische Weisheit (700 v. u. Z.)

„Sohn, was dir übel erscheint, tue deinem Mitmenschen nicht an. Was immer du willst, dass dir es die Menschen tun, das tue du allen."

Zoroastrismus (650-690 n. u. Z.)

„… eins ist somit, anderen alles das nicht anzutun, was einem selbst nicht wohltut;

das zweite ist, voll zu verstehen, was wohlgetan und was nicht wohlgetan ist …"

Griechisch-römische Antike

„Niemand soll sich nach Möglichkeit an meinem Eigentum vergreifen und auch nicht das Geringste davon verrücken, ohne irgendwie meine Zustimmung erlangt zu haben. Nach demselben Grundsatz muss ich auch mit dem Eigentum anderer verfahren, wenn ich bei gesundem Verstand bin."

„Tut anderen Menschen nicht an, worüber ihr empört wäret, wenn ihr es selbst erfahren müsstet. Was immer ihr mit Worten verurteilt, dies setzt auch niemals in die Tat um."

„Was du zu erleiden vermeidest, das versuche nicht, andere erleiden zu lassen.

Du vermeidest Versklavung: Sorge dafür, dass andere nicht deine Sklaven sind."

Judentum

„Der Fremde, der sich bei euch aufhält, soll euch wie ein Einheimischer gelten, und du sollst ihn lieben wie dich selbst; denn ihr seid selbst Fremde in Ägypten gewesen. Ich bin der Herr, euer Gott."

„Was dir verhasst ist, das tue deinem Nächsten nicht. Das ist die ganze Tora, alles andere ist Auslegung. Geh, lerne!"

Urchristentum

„Was ihr von anderen erwartet, das tut ebenso auch ihnen."

„Alles, was ihr also von anderen erwartet, das tut auch ihnen!"

„Erstens sollst du Gott lieben, der dich geschaffen hat, zweitens deinen Nächsten wie dich selbst; alles aber, was du willst, dass es dir nicht geschehe, das tue auch du keinem anderen."

Islam

„Keiner von euch ist gläubig, solange er nicht für seinen Bruder wünscht, was er für sich selbst wünscht."

„Wünsche den Menschen, was du dir selbst wünschst, so wirst du ein Muslim."

Im kleinen Sermon von dem Wucher (1519 n. u. Z.) meinte Luther:

„Wo du Vorteil an deinem Nächsten suchst, den du nit auch wollest ihn an dir lassen, da ist die Lieb aus und naturlich Gesetz zurissen."

Erklärung der Menschen- und Bürgerrechte von 1789 (n. u. Z.)

„Die Freiheit ist die Vollmacht, die jedem Menschen alles zugesteht, was den Rechten des anderen nicht schadet; ihre Grundlage hat sie in der Natur, ihre Richtschnur in der Gerechtigkeit, ihren Schutz im Gesetz, ihre moralische Grenze im Grundsatz: Tue keinem das an, was du nicht dir selbst zugefügt haben willst.“

Er – sehe ich mir diesen Auszug aus der Geschichte an und ergänze diese noch mit einigen Zitaten aus der Philosophie der Aufklärung und aus dem 19. und 20. Jahrhundert, stellen sich mir viele Fragen.

Samuel von Pufendorf (1672 n. u. Z.)

„Wer die Hilfe anderer zum eigenen Fortkommen braucht, ist verpflichtet, auch seinerseits Opfer zu bringen, damit die Bedürfnisse der anderen befriedigt werden können. Deshalb sind jene am besten zum Gemeinschaftsleben geschaffen, die allen anderen zu gestatten bereit sind, was sie sich selber erlauben.“

Samuel Clarke (1700 n. u. Z.)

„Was auch immer ich als vernünftiges oder unvernünftiges Tun eines anderen für mich beurteile, erkläre ich mit demselben Urteil als vernünftig oder unvernünftig, das ich im gleichen Fall für ihn tun sollte.“

Immanuel Kant (1788 n. u. Z.)

„Handle so, dass die Maxime deines Willens jederzeit zugleich als Prinzip einer allgemeinen Gesetzgebung gelten könne."

„Handle so, dass du die Menschheit sowohl in deiner Person, als in der Person eines jeden andern jederzeit zugleich als Zweck, niemals bloß als Mittel brauchst."

Arthur Schopenhauer (1841 n. u. Z.)

„Verletze niemanden, vielmehr hilf allen, soweit du kannst."

John Stuart Mill (1863 n. u. Z.)

„Welche Aktion auch immer jemand als richtig für sich beurteilt, beurteilt er implizit als richtig für alle gleichen Personen in gleichen Umständen."

„Es kann nicht richtig sein für A, B auf eine Art zu behandeln, in der es für B falsch wäre, A zu behandeln, nur auf der Basis, dass sie verschiedene Individuen sind, ohne jeden Unterschied zwischen den Umständen der beiden, die als vernünftiger Grund für unterschiedliche Behandlung angegeben werden können."

Friedrich Nietzsche (1887 n. u. Z.)

„Wie nun, wenn jemand, mit dem ‚principe' in der Hand, sagte: ‚gerade solche Handlungen muß man tun, damit andere uns nicht zuvorkommen – damit wir andere außerstand setzen, sie uns anzutun?' – Andrerseits: denken wir uns einen Corsen, dem seine Ehre die vendetta gebietet. Auch er wünscht keine Flintenkugel in den Leib: aber die Aussicht auf eine solche, die Wahrscheinlichkeit einer Kugel hält ihn nicht ab, seiner Ehre zu genügen ... Und sind wir nicht in allen anständigen Handlungen eben absichtlich gleichgültig gegen das, was daraus für uns kommt? Eine Handlung zu vermeiden, die schädliche Folgen für uns hätte – das wäre ein Verbot für anständige Handlungen überhaupt."

George Bernard Shaw (1903 n. u. Z.)
„Behandle andere nicht, wie du möchtest, dass sie dich behandeln. Ihr Geschmack könnte nicht derselbe sein."

Ernst Haeckel (1904 n. u. Z.)
Betrachtete die „2500 Jahre alte" Regel, „Tue jedem anderen, was du willst, das er dir tun soll, 1904 als „ethisches Grundgesetz" seines Monismus"

Leonard Nelson (1917 n. u. Z.)
„Handle nie so, dass du nicht auch in deine Handlungsweise einwilligen könntest, wenn die Interessen der von ihr Betroffenen auch deine eigenen wären."

Erich Fromm (1956 n. u. Z.)
„Was für den einen richtig (oder falsch) ist, muss auch für jeden anderen mit ähnlichen individuellen Voraussetzungen und unter ähnlichen Umständen richtig (oder falsch) sein."

Richard Mervyn Hare (1963 n. u. Z.)
„Was sagst du über diesen hypothetischen Fall, in dem du in der Position des Betroffenen bist?"

Hans-Ulrich Hoche (1978 n. u. Z.)

„Behandle jedermann so, wie du selbst an seiner Stelle wünschtest behandelt zu werden."

„Wenn ich will, dass niemand in einer Situation von der und der Art soundso handelt, dann bin ich moralisch verpflichtet, in einer Situation von der und der Art nicht soundso zu handeln."

Sein Ich – dann haben die Menschen diese goldenen Regeln verlassen und sind durch Manipulation in der Bigotterie gelandet, der Unmoralischen, Scheinheiligen, Intoleranten, Gehässigen usw.

Er – insbesondere durch die Manipulation des Glaubens und der Ideologie, wobei ich hier keinen wesentlichen Unterschied mache.

Sein Ich – das müssen wir uns näher ansehen, am Beispiel der katholischen Kirche, die hier beispielhaft stehen soll.

Er – die moralische Instanz der Gläubigen.

Sein Ich – wie Stimmen der Zeit 142 (2021) 39-48 schreibt: „Religion scheint das einzige Mittel zu sein, das dem Menschen gegeben wurde, Gewalt – soziale und politische – einzudämmen und ihr nicht Gegengewalt, sondern eine andere Macht entgegenzusetzen."

Er – im gleichen Artikel steht aber auch, „spätestens seitdem die Attentäter vom 11. September 2001 beanspruchten, im Namen des Islam zu handeln, steht diese Religion unter dem Verdacht einer besonderen Neigung zur Gewalt". Weltweit haben sich in den zurückliegenden Jahren zahlreiche Kongresse und wissenschaftliche Publikationen dieser Vermutung gewidmet – mit teils sehr unterschiedlichen Ergebnissen.

Doch nicht nur der Islam wird verdächtigt, Gewalt zu legitimieren. In seinem Buch „Die mosaische Unterscheidung oder der Preis des Monotheismus (2003) hat der Heidelberger Ägyptologe Jan Assmann die seither viel diskutierte These formuliert, wonach den monotheistischen Religionen insgesamt ein exklusiver Wahrheitsanspruch inhärent ist. Ihm gegenüber muss jede Abweichung als Irrtum oder Lüge erscheinen, die es – wenn nötig, gewaltsam – auszumerzen gilt. Noch weiter reicht die Ansicht, ausnahmslos alle Religionen schürten Konflikte und legitimierten Gewalt".

Sein Ich – „dann ist das Christentum eine Religion der Gewalt", wie in dem Artikel ausgeführt wird.

Er – stimmt, wie weiter ausgeführt wird. „Bereits 1986 war der erste von zehn Bänden einer „Kriminalgeschichte des Christentums" erschienen. Die darin von Karlheinz Deschner aufgelisteten Verfehlungen von Christen erregten weniger deshalb Aufsehen, weil sie zuvor unbekannt waren. Provokant erschien vielmehr seine These, wonach Christen in den zwei Jahrtausenden der Kirchengeschichte das im Neuen Testament begründet Ideal und Selbstverständnis des Christentums als einer Religion der Liebe und des Friedens nicht nur gelegentlich und ausnahmsweise, sondern ständig verfehlt hatten. Denn Christen hätten nicht nur im Rahmen der Kreuzzüge, der Inquisition oder der

Hexenverfolgungen Gewalt ausgeübt, sondern auch in zahllosen weniger spektakulären Zusammenhängen.

Sein Ich – wir sollten uns mal beispielhaft die Verbrechensgeschichte des Christentums näher betrachten, denn ein Strafgesetzbuch ist hier überfordert.

Er – wir schlagen im Schwarzbuch der katholischen Kirche – Der Theologe Nr. 43 – einmal nach, für die letzten Jahre und zitieren beispielhaft einige Verbrechen daraus (teilweise wörtlich übernommen). Alle Verbrechen der Kirche aufzulisten, ist für die Jahrtausende unmöglich.

Sein Ich – bleiben wir aktuell und sehen uns einmal ein Teil der **Akte – 2021 – Woelki**, ranghoher Kardinal des Erzbistums Köln, an. Er ließ ein Gutachten zu sexuellen Handlungen in seinem Bistum so lange um- bzw. neu schreiben, bis er glaubte, damit durchkommen zu können, was ihm auch in Rom gelungen ist, denn er wurde im Amt belassen. Immer mehr Schandtaten sind mittlerweile an das Licht der Öffentlichkeit gekommen, in Medien, die kein Kirchenschonprogramm in der Unabhängigkeit der Presse haben. So berichtet bild.de am 23.03, 11.04 und 27.04.2021: „Kardinal Woelki hat den Priester D. befördert, der sexuelle Handlungen mit einem 17-jährigen Strichjungen zugegeben hatte und wenige Jahre später mit einem weiteren jugendlichen Strichjungen Sex hatte. „Diese Information (über D.) wurde Woelki persönlich vorgelegt – vor der Beförderung von D. durch ihn. In den Akten über den Priester, der wie alle Priester gemäß deren Selbstverständnis immer im Dienst ist, stehen Fakten über „Saunabesuche, Alkohol, Masturbation und das Vorspielen von Pornofilmen im Zusammenhang mit Jugendlichen. Obwohl die Polizei immerhin „anregte", den Sittenstrolch im Talar nicht dort einzusetzen, wo er sich auf verbrecherische Weise Sex mit ihm anvertrauten Kindern und Jugendlichen holen könnte, habe Woelki diese „Empfehlung" „nicht berüchtigt".

Der Vorschlag für die Beförderung von D., die Woelki später betrieb, kam von einem anderen Pfarrer, dem Priester H., der vor allem beim Weltjugendtag mit Papst Benedikt XVI. 2005 in Köln mit Jugendlichen zugange war, „früher ein sehr enger Freund von Woelki". H. wird vorgehalten, einen Jugendlichen bei der Beichte sexuell missbraucht zu haben. Den sexuellen Missbrauch hat der Priester später zugegeben, allerdings verneint, dass der Übergriff auf den Minderjährigen während des katholischen Beichtsakraments erfolgt sei.

Ein anderer Priester ließ sich aus Limburg eigens nach Köln versetzen, nachdem bekannt wurde, dass er einen unter 13jährigen Jungen fünf Jahre lang sexuell missbraucht hatte und mit dem 16 jährigen Sohn der Pfarramtssekretärin zusammen masturbierte. ...

(Quelle: Der Theologe aktuell 2021 vom 27.04.2021).

Aufatmen bei den Talarträgern 2020

Keine einzige Anklage gegen Priester. Das auf Verjährung angelegte Vertuschungsverhalten der Vatikankirche der letzten Jahrzehnte, erwies sich für die Priester, die Kinder vergewaltigten oder anderweitig sexuell missbrauchten, einmal mehr als erfolgreich. In Bayern, einem Verbrechensschwerpunkt von Priestern gegen über Kindern, kommen alle kriminellen Talarträger ungeschoren davon. Dies geht aus dem Artikel auf frankenpost.de vom 19.01.2020 hervor. „Die Gründe für die Einstellungen der Ermittlungen waren in der Regel Verjährung oder die Tatsache, dass es nicht für einen hinreichenden Tatverdacht reichte. 124 von 312 namentlich bekannten Beschuldigten waren tot. Vier Ermittlungen laufen in Bayern noch, einige wenige Fälle wurden an Staatsanwaltschaften außerhalb Bayerns weitergeleitet. Alle andere zu den Akten gelegt. Die so genannte „große Missbrauchsstudie der katholischen Kirche" war zuvor schon durch die Zensur der Bischöfe gegangen, so dass die aktuelle Meldung nicht ganz überraschend kam Der ursprünglich mit dem Abfassen der Studie beauftragte Jurist D. Christian Pfeiffer, war deshalb entlassen worden".

Dass in Bayern also kein Gerichtsprozess mit entsprechender Schlagzeilen über die Kirche folgte, kommt sicher auch der Strategie des evangelisch-lutherischen Ministerpräsidenten Markus Söder entgegen, der in seiner politischen Planung auf die Kirche setzt. Er hatte erklärt: „Die CSU steht fest an der Seite der Institution Kirche" (zit. nach morgenpost.de, 22.12.2018). Markus Söder hatte im 2011 auch einen schwarzen Rosenkranz nach seiner Privataudienz, auch Geheimtreffen, beim damaligen Papst als Geschenk bekommen – ein Symbol, das im Zusammenhang der Kriegs- und Ausmerzungsgeschichte der Vatikankirche seinen Ursprung hat.

Ein Priester (2019) will den Kitzbüheler Fünffach Mörder im Gefängnis besuchen und ihm kirchliche Absolu-

tion erteilen, die den Sünder komplett von seinen Sünden befreit.

Die fünf Morde von Andreas E. aus Kitzbühel an seiner Ex-Freundin Nadine H., deren Eltern, ihrem Bruder und ihrem Begleiter bzw. neuen Freund schockierten Menschen weit über Österreich hinaus. Er feuerte im Morgengrauen des 6.10.2019 aus nächster Nähe über zehn Schüsse auf die wehrlosen Opfer ab.

Erst wenige Tage vor der entsetzlichen Bluttat, bei denen also Täter und Opfer Mitglieder der Vatikankirche waren, hatte Papst Franziskus erst die katholische Lehre zur Sündenvergebung neu ausformuliert. „Wer das Kirchensakrament der katholischen Beichte in Anspruch nimmt, bewirke angeblich, dass Gott die Sünde vergisst", so der Papst am 15.9.2019 in Rom.

Bei *CNA-Deutsch* heißt es dazu: „Wie man das Böse besiegt? Indem man die Vergebung Gottes annimmt!" „Dies geschehe jedes Mal, wenn wir zur Beichte gehen, sagte der Papst; dort empfangen wir die Liebe des Vaters, der unsere Sünde überwindet: Sie ist nicht mehr da, Gott vergisst sie, sagte Papst Franziskus in seiner Angelus-Botschaft vom 15. September 2019. Wenn Gott vergibt, dann ist es vergessen, er vergisst unsere Sünden ... Gott löscht das Böse aus, er macht uns im Innersten neu".

Ob die Mordopfer im Jenseits oder ihre Verwandten und Freunde im Diesseits bereit sind, dem Täter früher oder später zu vergeben, das ist laut Kirchenlehre für das Seelenheil des Mörders nicht von Bedeutung.

Diakon (2019) vergewaltigt Mädchen bei Ministranten-Ausflug.

Sie wirft es aus der Bahn, Amtsträger bekommt Bewährung – Obwohl der katholisch Diakon ein als schüchtern geltendes 15-jähriges Mädchen, das als Ministrantin in der Ortskirchengemeinde tätig war, beim Ministranten-Ausflug vergewaltigt hatte und sie dadurch zu einem seelischen Wrack gemacht hat, kam er mit einer Bewährungsstrafe davon und sucht nun Anschluss an eine andere katholische Kirchengemeinde. Auch frühere sexuelle Übergriffe des kirchlich geweihten Dieners (der Vorstufe zur Priesterweihe) der Vatikankirche wurden bei der Gelegenheit bekannt. (sueddeutsche.de 31.12019)

Vier ehemalige Ministranten klagen 2018 den Erzbischof Anthony Apuron aus Guan an, sie als Jugendliche, als er noch Gemeindepriester war, missbraucht zu haben und sein eigener Neffe klagt ihn an, als Teenager von ihm vergewaltigt worden zu sein.

Daraufhin wurde er kirchenintern erst einmal beurlaubt. Danach dauerte es 1 ½ Jahre, bis beschlossen wurde, ihm den Bischofstitel zu entziehen. Doch es dauerte ein weiteres halbes Jahr, bis der Vatikan diese Entscheidung schließlich verkündet hatte. In der Zwischenzeit nahm Apuron im Bischofsgewand sogar an einer Papstaudienz teil und war, wie zu lesen ist, in vertraulichem Gespräch mit dem Papst (gotte-suche.de). Nach der Urteilsverkündigung über dessen genaue Inhalte der Vatikan schwieg, legte er dann Berufung ein, was zur Folge hatte: Der Schuldspruch der kirchlichen Gremien gilt als nicht rechtskräftig. Außerdem wurde Apuron weder bei der Polizei angezeigt , noch ermitteln die staatlichen Behörden.

Im Jahr 2002 wurde der US-amerikanische Priester John Geoghan (1935-2003) zu zehn Jahren Haft wegen des sexuellen Missbrauchs von 130 Kindern verurteilt.

Sein damaliger Vorgesetzter in der Diözese Boston, Kardinal Bernard Law (1931-2017), der anschließend in den Vatikan versetzt wurde, und dessen Vorgänger hatten die Verbrechen zuvor über viele Jahre vertuscht und den Schwerverbrecher immer nur versetzt. Sein jüngstes Opfer, das dem Priester in die Hände gefallen war, war vier Jahre alt.

Mutter Teresas Orden „Missionarinnen der Nächstenliebe hat Baby verkauf (2018), eine Missions-Schwester festgenommen – Kinderraub durch System engagierter Katholiken in Spanien. Es geht in Indien um gewinnträchtigen Kinderhandel.

Die Regierung Indiens lässt jetzt alle Kinderheime des Ordens von „Mutter Teresa überprüfen. "Indische Behörden gehen nun davon aus, dass es sich um mehr als nur einen Einzelfall handeln könnte" *(bild.de, 18.7.2018)*. Die Adoptiv-Eltern wurden damit belogen, das von ihnen für das Kind an den Orden bezahlte Geld sei für die Behandlung der schwerkranken Mutter. Eine Nonne und eine weitere Angestellte des Ordens wurden verhaftet. Der Orden erklärte, der Vorfall sei gegen seine moralische Überzeugung, und man werde ebenfalls Untersuchungen vornehmen. *(time.com, 18.7.2018)* „Mutter Teresa" wurde im Jahr 2016 von Papst Franziskus katholisch heilig gesprochen. Zahlreiche Vorwürfe gegenüber dem "Todesengel" und viele Hinweise auf die dunkle Macht in ihrem Umfeld waren schon damals bekannt. Siehe dazu ausführlich Der Theologe Nr. 94.

Schweiz 2018: Katholischer Priester vergewaltigte Neunjährigen und verging sich auch an vierzig weiteren Jungen.

Bischof vertuscht alles – Was in einem Bericht der Neuen Zürcher Zeitung vom 27.3.2018 zum Vorschein kam, ist noch massiver als schon schlimme Befürchtungen über das bisher noch nicht aufgedeckte Vergewaltigungs- und Vertuschungs-Milieu in der Priesterschaft der Romkirche. Ein Opfer, das gelernt hat, zu vergeben, enthüllt über einen Schweizer Würdenträger: „Schon im Alter von neun Jahren sei er von diesem vergewaltigt worden. Der Pater gestand, dass er sich an vierzig weiteren Jungen vergangen habe, darunter auch an seinem eigenen Neffen". Weiter heißt es in der *NZZ*: „Die Untersuchungskommission stellt fest, dass die Kirche den Pater während 50 Jahren, von 1958 bis 2008, vor strafrechtlicher Verfolgung geschützt habe." Der Bischof von Genf, Lausanne und Freiburg „habe sich gegen eine Intervention bei den Justizbehörden gestemmt". Erst im Jahr 2017 wurde der Täter, auf dessen „sexuelle Perversion" nicht reagiert wurde, sodass er immer neue Verbrechen begehen konnte, suspendiert, als es für die Vatikankirche gar nicht mehr anders ging. Strafrechtlich

274

sind mittlerweile wie immer alle Verbrechen verjährt.

Bistum Eichstätt verlor (2018) 60 Millionen Dollar bei Spekulationen.

Doch es ist nur ein kleiner Teil des Anlagevermögens. Wer der Kirche spendet oder ihr seine Kirchensteuer zahlt, tue ein gutes Werk, so die immer noch landläufige Meinung in großen Teilen der Bevölkerung. In Wirklichkeit schwimmen die Bistümer bzw. Diözesen so in ihren Milliarden und Millionen, dass selbst in kleineren Bistümern wie Eichstätt den meisten Insidern der Überblick verloren geht. So handle es sich bei den bei Darlehensgeschäften in den USA verlorenen 60 Millionen Dollar auch „nur" um ein Sechstel des Anlagevermögens. Außerdem habe man den Vermögensverwalter, den stellvertretenden Finanzdirektor, des Bistums entlassen, während man dem ihm vorgesetzten Finanzdirektor, einem Priester, der die Geschäfte genehmigt hatte, zugutehält, dass nicht einmal er durchgeblickt habe. Das mag schon sein. Aber ganz klar ist erneut: Die Kirche lindert mit ihren Milliarden- und Millionenschätzen nicht die Not in der Welt, sondern hortet und vermehrt ihr Vermögen im globalen Haifischbecken, wo allerdings auch mal größere

Millionensummen „verloren" gehen. Für die Armen gibt es nur salonfähig kommunizierte Almosen. Und im Bistum Eichstätt tut es auch nicht wirklich jemandem weh. Denn was besagt es für den einzelnen vom Staat bezahlten kirchlichen Würdenträger, ob er in seinem Bistum nun z. B. über 360 Millionen Dollar verfügt oder eben "nur" über 300 Millionen – neben weiteren Einnahmenquellen und

Finanzverflechtungen, die über andere kircheninterne Schienen „laufen".

Ministrantin und Ordensangehörige (2018) verübte grausamen Giftmord, der sich über 14 Tage hinzog.

Über die Täterin ist zu lesen: Die 38- jährige verheiratete Miriam P. „hat ihr Leben weitgehend der Kirche gewidmet. In der Pfarrei Sankt Josef in Ziegetsdorf bei Regensburg begleitete sie nach Presseberichten die Messen als Ministrantin, führte als Kreuzträgerin die Trauerzüge an und sang im Kirchenchor" *(frankenpost.de, 31.1.2018)*. „In der Pfarrei Sankt Josef im Regensburger Stadtteil Ziegetsdorf galt Miriam P. als eine der Frömmsten" (frankenpost.de, 17.7.2018). Zudem gehörte sie der Ordo Franciscanus Saecularis (OFS), einer weltlichen Franziskanergemeinschaft, an. Den Mitteilungen der OFS zufolge hatte sie beim Regensburger Katholikentag 2014 das lebenslange Versprechen` dieser Gemeinschaft erneuert. So schreibt die Frankenpost. (31.1.2018) Und weiter über das Verbrechen: „Manfred J. ist seit dem 1. Dezember vorigen Jahres tot – umgebracht von einer liebestollen, 38-jährigen Ministrantin aus Regensburg."

Die überzeugte Katholikin war offenbar eifersüchtig auf den an seinem Wohnort beliebten Mann, Vater zweier erwachsener Töchter und Sohn eines 90jährigen Seniors, den er betreute, da ihre Freundin seit kurzer Zeit als neue Lebensgefährtin zu ihm gezogen sei. Im November 2017 besuchte die Kirchenmitarbeiterin ihre Freundin in der Nähe von Wunsiedel in Oberfranken und brachte deren neuen Partner als Gastgeschenk ein mit dem farb- und geruchlosen Glykol vergiftetes Mix-Getränk mit, das dieser ahnungslos getrunken hatte. Von da an begann sein grausames Sterben. „Der Todeskampf von Manfred J. dauert 17 Tage lang."

Er – wir sollten an dieser Stelle mit der Auflistung stoppen. Sie zeigt die Moral und Sittlichkeit der katholischen Kirche und die Verlogenheit zu ihren eigenen Ansprüchen. Die Liste könnte bis gegen unendlich für alle Strafrechtsdelikte fortgeführt werden, würde hier aber den Rahmen sprengen.

Sein Ich – wir sollten überlegen, über dieses Thema ein weiteres Buch zu schreiben und dann ausführlich zu berichten, für unsere Leser.

Er – stellt sich die Frage, wieso hat die Kirche bei all ihren schrecklichen Verbrechen noch so viele Anhänger. Wieso zahlen Menschen noch Kirchensteuer, Spenden oder unterstützen die Kirche?

Sein Ich – aus Angst, in die ewige Verdammnis zu kommen, denn die Kirche hat immer nur mit Angst ihre Macht bei den Menschen durchgesetzt. Nur sind in heutiger Zeit viele Menschen aufgeklärter und offener, sich diesen schrecklichen Themen zu stellen.

Er – sehen wir uns doch einmal den Moralanspruch der Kirche, formulierte in den Zehn Geboten, an und fragen dann die ganzen Anhänger, wo bleibt die Moral, für die sie beten und sich einsetzen. Als Agnostiker fehlen mir hierzu jegliche Beweise, für diesen moralischen Anspruch.

Sein Ich – die Zehn Gebote das „katholische Grundgesetz", die Moses einst auf dem Berg Sinai empfangen hat. Die Zehn Gebote enthalten eine Liste religiöser, moralischer und ethischer Regen, die im Judentum und im Christentum eine grundlegende Bedeutung haben. Die Kurzfassung der Zehn Gebote nach dem Katechismus der katholischen Kirche lautet:

Ich bin der Herr, dein Gott.

1. Du sollst keine anderen Götter neben mir haben.
2. Du sollst den Namen Gottes nicht verunehren.
3. Du sollst den Tag des Herrn heiligen.
4. Du sollst Vater und Mutter ehren.
5. Du sollst nicht töten.
6. Du sollst nicht ehebrechen.
7. Du sollst nicht stehlen.
8. Du sollst nicht falsch gegen deinen Nächsten aussagen.
9. Du sollst nicht begehren deines Nächsten Frau.
10. Du sollst nicht begehren deines Nächsten Gut.

Er – dann sollten wir die aufgeführten Straftaten im Strafgesetzbuch, die das freie und friedliche Zusammenleben der Gesellschaft regeln, einmal anschauen, im Vergleich zu den Zehn Geboten.

- Straftaten gegen die sexuelle Selbstbestimmung (§§ 174 ff.)
- Beleidigung (§§ 185 ff.)
- Straftaten gegen das Leben (§§ 211 ff.)
- Straftaten gegen die körperliche Unversehrtheit (§§ 223 ff)
- Straftaten gegen die persönliche Freiheit (§§ 232 ff.)
- Diebstahl und Unterschlagung (§§ 242 ff.)
- Raub und Erpressung (§§ 249 ff.)
- Begünstigung und Hehlerei (§§ 257 ff.)
- Betrug und Untreue (§§ 263 ff.)
- Urkundenfälschung (§§ 267 ff.)
- Sachbeschädigung (§§ 303 ff.)
- Gemeingefährliche Straftaten (§§ 306 ff.)
- Straftaten gegen die Umwelt (§§ 324 ff.)
- Straftaten im Amt (§§ 331 ff.)

Er und sein Ich – Fazit: Die Diener der Kirche verstoßen nicht nur gegen ihre eigenen Regeln, sondern auch gegen die Bestimmungen des Strafrechtes, wo jeder Tatbestand in der Kirchengeschichte erfüllt wurde. Die Bestrafung wegen dieser Verstöße ist einfach, folgt man dem Stellvertreter Gottes auf Erden, dem Papst, – „Beichte, wie oben ausgeführt, dann wird Gott dir das Vergehen vergeben." So lässt es sich einfach leben, ohne sich an die gesellschaftlichen Regeln zu halten, und dann noch den Anspruch zu haben, eine moralische Institution zu sein. Die Kirche hat jeglichen moralischen ethischen Anspruch verloren, sollte sie diesen jemals gehabt haben, genau wie ihre Daseinsberechtigung, insbesondere noch durch Staatsfinanzierung mit Steuergeldern aller Bürger. Hier muss endlich ein Aufschrei erfolgen und kein Kuschelkurs, in der Gesellschaft und von allen Vertretern, angefangen von unseren Volksvertretern, die die bestehende Unterstützungsgesetze ändern können, bis zum Journalismus.

Moral – Ethik

Teufelsfreundschaft

Wenn die göttliche Moral und Sittlichkeit
Befreundet ist mit dem Teufel
Judas, der Schriftführter der Unmoral
Dann hat die Kirche ihre Daseinsberechtigung verloren

Aktuell 05.01.2022 Missbrauch von Kindern vertuscht. Interne Kirchendokumente belasten Papst Benedikt XVI – Quelle Die Zeit N" 2 - 05.01.2022 und vorab Focus online Dienstag, 04.01.2022, 16:33

In dubio pro reo – die höchste unfehlbare moralische Kircheninstanz, der Stellvertreter Gottes auf Erden belastet – für einen Verstoß gegen seine eigenen Gebote, die er von all seinen Schäfchen einfordert.

„In vorliegendem Falle geht es um die Rolle Joseph Ratzinger als Erzbischof von München und Freising. Es geht um den Essener Priester H. aus Gelsenkirchen, der vielfach minderjährige Jungen missbraucht haben soll, wie die Zeit berichtet.

1980 wechselte der Geistliche aus dem Bistum Essen in das Erzbistum München und Freising. An dessen Spitze stand damals Erzbischof Joseph Ratzinger, der spätere Papst Benedikt.

In einem Dekret, das 2016 in einem innerkirchlichen Verfahren vom Kirchengericht des Erzbistums München und Freising erstellt wurde, heißt es demzufolge, die zuständigen Bischöfe und ihre Generalvikare (Stellvertreter) in München und Essen seien ihrer Verantwortung gegenüber Kindern und Jugendlichen nicht gerecht geworden.
Joseph Ratzinger soll Priester trotz dessen Vorgeschichte eingesetzt haben.
Ratzinger werde dabei explizit genannt: Obwohl er von der Vorgeschichte des mutmaßlichen Missbrauchspriesters

Kenntnis gehabt habe, habe er ihn in seinem Bistum aufgenommen und eingesetzt.

Benedikts Privatsekretär Georg Gänswein bestritt dies in einer Stellungnahme. „Die Behauptung, er (Benedikt) hätte Kenntnis von der Vorgeschichte zum Zeitpunkt der Entscheidung über die Aufnahme des Priesters H. gehabt, ist falsch", teilte Gänswein der „Zeit" mit.

Der Priester wurde immer wieder des Missbrauchs beschuldigt – aber einfach immer nur weiterversetzt.

Es ist schon länger bekannt, dass H. einer jener Fälle war, in denen ein Priester immer wieder aufs Neue beschuldigt, aber von seinen Vorgesetzten einfach weiterversetzt wurde. Nach dem „Zeit"-Bericht tat dies anfangs auch Kardinal Marx, der ihn 2008 in die Kurseelsorge nach Bad Tölz versetzt habe. Erst 2010 sei H. von Bischof Franz-Josef Overbeck aus Essen in den einstweiligen Ruhestand versetzt worden.

Wiederum zwei Jahre später habe Marx im Schulterschluss mit Overbeck empfohlen, H. auch aus dem Priesterstand zu entfernen, und zwar ohne kirchliches Strafverfahren. Marx Begründung dafür sei gewesen: „Der Fall H. erregte weltweit Aufsehen in den Medien, da vermutet wurde, der damalige Erzbischof von München und Freising, heute Papst Benedikt XVI., habe zumindest Mitverantwortung für den Einsatz von H. Obwohl, diese Vorwürfe aber entkräftet wurden, muss damit gerechnet werden, dass sie im Falle eines kirchlichen Strafverfahrens erneut aufgegriffen werden."

Zu der Entlassung aus dem Priesterstand sei es aber letztlich nicht gekommen. Das Münchner Kirchengericht habe dies in dem erwähnten Dekret von 2016 damit begründet, dass man H. nicht die alleinige Schuld zuschieben könne. Vielmehr seien die kirchlichen Autoritäten „zu jedem Zeitpunkt über die Erkrankung des Beklagten und die meisten seiner Vergehen informiert" gewesen. „Dennoch setzten sie H. wiederholt in Bereichen ein, in denen er Kinder- und Jugendarbeit zu leisten hatte."

Nach weiteren Missbrauchsvorwürfen war H. 2010 in sein Heimatbistum Essen zurückversetzt und vom Dienst suspendiert worden. Dort lebt er bis heute unter engmaschiger Überwachung. Von einem weltlichen Richter wurde er 1986 zu einer Geld- und Bewährungsstrafe verurteilt.

Die Entscheidung der Entlassung aus dem Priesterdienst ist bei der Kirche aber auch eine monetäre Abwägung, denn nach § 8 SGB VI müssten die gesamten Sozialversicherungsabgaben an die Rentenkasse nachgezahlt werden. Wie wir festgestellt haben, hat die moralische Instanz Kirche neben ihren allgemein gültigen Moralregeln, eine parallele Unmoral aufgestellt und hier nach dem Grundsatz Pecunia non olet abgewogen.

Das spiegelt auch das Kirchenrecht – der Codes Iuris Canonici – wider. Er leitet sich aus den Zehn Geboten ab. Hier geht es nicht darum, Gerechtigkeit herzustellen, sondern moralische Gewissheit.

Wie bild.de am 14.01.2022 – 08:51 Uhr berichtet, stellt sich Papst Benedikt seinem Teil der Verantwortung zur Missbrauchsvergangenheit im Erzbistum München.

„Der emeritierte Papst Benedikt (94) will, dass die weltweit erwartete Studie über Kindesmissbrauch durch Priester vollständig veröffentlicht wird. Obwohl dabei seine eigene Rolle mit durchleuchtet wird!

Auf BILD-Anfrage erklärte Benedikts Privatsekretär Georg Gänswein (65), dass dem Papst die Schicksale der Missbrauchsopfer „sehr zu Herzen gehen": „Papst emeritus Benedikt XVI. begrüßt die Aufarbeitung in München sowie die Veröffentlichung des Gutachtens." Deshalb habe der Papst „zur Aufarbeitung beigetragen". Zwei Jahre prüften Anwälte das Verhalten der Münchener Erzbischöfe Joseph Ratzinger (später Papst Benedikt), Friedrich Wetter (93) und Reinhard Marx (68) im Umgang mit Missbrauchs-Tätern. Kommenden Donnerstag, 20.01.2022 soll die Studie präsentiert werden – eine kirchliche Vertuscher-Lobby wollte das bis zuletzt verhindern. Hintergrund: Aktenkundig sind Verwicklungen des späteren Papstes in den Fall Hullermann (23 Opfer). Nach BILD-Recherchen erstellten die Gutachter zu diesem Fall einen 350-seitigen „Sonderband". Papst Benedikt schrieb eine 82-seitige Stellungnahme, reagierte damit auf schriftliche Fragen der Gutachter". (aus bild.de übernommen)

Kehrwende der Erinnerung, wie oben ausgeführt hat der Privatsekretär jegliche Kenntnis von der Vorgeschichte zum Zeitpunkt der Entscheidung über die Aufnahme des Priester H. ausgeschlossen. Benedikt hatte also eine Personalentscheidung getroffen, ohne Aktenprüfung. Moralische Gewissheit wäre dann nach dem Kirchenrecht hergestellt, man könnte es auch unmoralische Gewissheit nennen, die eine plötzliche Erinnerung auslöst.

Was muss die Kirche noch alles tun, damit die Menschen endlich erwachen und diese Unmoral nicht mehr unterstützen? Ich kann mich hier nur Der Zeit N" 3 anschließen: „ Was immer in der Studie steht: Kirchenobere haben durch ihr Zögern den Verdacht auf sich gezogen, das ihnen Schlimmeres zuzutrauen ist. Das Woelki -Drama zeigt, wie die Kirche von der Phase der spätrömischen Dekadenz nun in die Phase des Showdowns tritt. Bischöfe schließen einander mit den Vorwürfen ab, ohne Rücksicht auf die Opfer. Sie schütze nicht mehr ihre Kirche, nur noch sich selbst".

Die Politik, staatlichen Organe und alle Schäfchen schauen zu, statt eine außerkirchliche Aufarbeitung zu veranlassen, um weltliche Gerechtigkeit zu schaffen. Im Rechtsstaat muss die Staatsanwaltschaft bei Offizialdelikten, bei Kenntnis, von Amtswegen ermitteln, ohne Rücksicht auf den Täter. Das gilt auch und gerade für die Moralinstitution Kirche. Diese muss gleich behandelt werden wie jeder andere Täter auch. Die Justiz muss neutral sein und endlich handeln, Hausdurchsuchungen wäre ein erster weltlicher Ansatz, bei der vorliegenden Sach- und Rechtslage.

Teufelsbeichte

Trägt der Teufel
Talar und Mitra
Mit Hirtenstock von der Kanzel
In der Kirche predigt
Hat er die Beichte abgelegt
Alle Sünden sind ihm vergeben

Aktuell 05.01.2022, 12.15 Uhr - www.spiegel.de - Oberhaupt der katholischen Kirche Papst Franziskus kritisiert kinderlose Paare. „Hunde und Katzen nehmen den Platz der Kinder ein", sagt Papst Franziskus. Das Kirchenoberhaupt hält es für falsch, wenn Paare keinen Nachwuchs bekommen wollen.

Ich zitiere: „Papst Franziskus hat sich mit drastischen Worten an Paare gewandt: Die Zivilisation werde immer älter und es fehle ihr an Menschlichkeit, weil man den Reichtum von Elternschaft verliere, warnte das Oberhaupt der katholischen Kirche. Ein Land ohne Kinder leide."

Der Papst kritisierte konkret all jene Paare, die keine Kinder bekommen wollen. „So viele Paare haben keine Kinder, weil sie keine wollen, oder sie haben nur eins, weil sie nicht mehr wollen, aber sie haben zwei Hunde, zwei Katzen", sagte der 85-Jährige am Mittwoch bei der Generalaudienz in der vatikanischen Audienzhalle vor zahlreichen Gläubigen. "Hunde und Katzen nehmen den Platz der Kinder ein. Ja, ich verstehe, das bringt einen zum Lachen, aber das ist die Realität", sagte das katholische Kirchenoberhaupt weiter. Am zweiten Weihnachtsfeiertag hatte er schon von einem „demografischen Winter" gesprochen, als die erneut gesunkenen Geburtenzahlen Italiens veröffentlicht wurden.

„Wer in der Welt lebt und heiratet, muss daran denken, Kinder zu haben", so der Pontifex. Kinder auf natürlichem Wege oder durch Adoption zu bekommen, sei zwar ein Risiko, aber keine zu haben, sei noch riskanter."

„Das Verhältnis der Kirche zu Haustieren war noch nie gut, obwohl diese Lebewesen auf Erden sind und im Zusammenleben den Menschen oft Stütze und Halt geben, mehr als die Kirche. Man fragt sich, warum der kinder- und ehelose, vermutlich zölibatär lebende Papst, dieses Thema aufgreift. Am Messwein kann es sicherlich nicht gelegen haben.

Als oberster Chef einer Organisation, die sich gerne an Kindern verging, nach mehr Kindern zu rufen, nenne ich einen verbalen Kinderkreuzzug der Kirche. Die Kirche hat doch mit ihrer Sexualmoral, Familiendoktrin und angeblichen Sorge um Kinder im Laufe der Geschichte unzähligen Menschen das irdische Leben zur Hölle gemacht. Von Verhütungsverbot mit Kondomen selbst in schlimmsten HIV-Zeiten über die Misshandlung von Heimkindern bis hin zur Vertuschung der Straftaten Pädophiler. Die Kinder Gottes waren bei der Kirche nicht in guter Hand. Diese Geschichte müsste auch beim Pontifex angekommen sein.

Aber, Herr im Himmel, niemand, der noch bei Trost ist, kann doch ernsthaft glauben, der Planet sei unterbevölkert. Der Garten Eden ist schon lange überdüngt, das Paradies ausgebeutet, die Schöpfung erschöpft. Wahrscheinlicher ist also, dass es Franziskus mit seiner frohen Fertilitäts-Botschaft gar nicht um alle Kinder unter Gottes weitem Himmel geht, sondern nur um die der Christen in den westlichen Wohlstandsgegenden, wo sich Geburtenraten an die Mitgliederzahlen seines Vereins anpassen: Beide sinken. Es geht also nicht um das Wohl der Welt und ihrer Menschen, eher um Kinder für den Kirchenführer, eine Exitstrategie aus dem drohenden Exodus. Im Prinzip: religiöser Rassismus. Dies bestätigt auch die Aussage vom zweiten Weihnachtsfeiertag „hatte er von einem „demografischen Winter" gesprochen, als die erneut gesunkenen Geburtenzahlen Italiens veröffentlicht wurden".

Die höhere Lebenserwartung der Menschen bei niedrigeren Geburtenraten als „demografischen Winter" zusammenzufassen, klingt, nebenbei bemerkt, altersdiskriminierend. Wenn man das zu Ende denkt, könnte Franziskus die Pandemie auch als gerechte Strafe Gottes bezeichnen – zur Bereinigung der Alterspyramide. Er selbst sitzt dabei ja in einer sicher isolierten Arche.

Schon der Gründungsmythos der Kirche, in dem der allmächtige Vater seinen einzigen Sohn als Erlöser auf die Erde schickt, wissend, dass er ans Kreuz genagelt wird, zeugte von wenig empathischer Kompetenz bei der Familienplanung: Ertragen musste den Willen des Patriarchen ja der Junior. In dieser Logik fordert nun ein fachfremder Mann etwas, das nach allen Regeln der Natur ja erst mal wieder Frauen buchstäblich austragen müssten: Kinder, Küche, Kirche. Willkommen in den Fünfzigern.
Vielleicht findet Franziskus noch irgendwo in einer verstaubten Archivecke des Vatikans jene Originalplatten der von Moses in Stein gemeißelten Zehn Gebote. In diesem Dekalog steht zwar, man solle Vater und Mutter ehren, aber nichts über Kinder statt Katzen oder gar eine satte Nachwuchsquote, um ins Himmelreich zu kommen.
Man(n) darf vermuten, aber das ist unschuldiger, naiver, kindlicher Glaube: Einer Päpstin wäre das nicht passiert."

(Quelle: www.spiegel.de vom 06.01.2022, 16.05 Uhr – teilweise wörtlich übernommen, weil den Ausführungen kaum etwas hinzuzufügen ist)

Auch an dieser Forderung des Papstes zeigt sich wieder die (Un)Moral der Kirche, Hoffentlich sind die Menschen aufgeklärter als noch vor Jahren und folgen ohne Denken solchen Ratschlägen nicht. Der Kirche hilft weder dem Planeten bei Überbevölkerung noch der Familie. Wird Hilfe angefordert, wird auf Beten verwiesen, das hilft.

Glockengleläut

Glockengeläut am frühen Morgen
Mittags
Am späten Abend
Lärmbelästigung
Ruhestörung
Gesundheitsbeeinträchtigung
Für einen Weckruf
Einer sich immer weiter reduzierenden
Gesellschaftsminderheit
Wo bleibt das Recht
Der Andersdenken, der Atheisten, der Agnostiker
Der Andersgläubigen
Wo bleibt die Gleichheit der Gesellschaft
An der Kirchentür abgegeben
Würden andere Vereine Organisationen so belästigen
Hätte die Staatsgewalt schon längst geantwortet
Die Dezibel mit harten Sanktionen verboten

Säkularisierung

Staatsfinanzierung der Kirche
In einem säkularisierten Staat
Löhne und Gehälter der fraglichen Würdenträger
Werden staatlich übernommen
Sonstige Millionen Zahlungen geleistet
Bezahlt von den Steuern
Der Nicht- und Andersgläubigen
Der Zwangskircheneintritt durch Geburt
Bestimmt durch die Eltern
Der Kirchenaustritt bestimmt durch den freien Willen
Gebühren kostet
Man sich auf alte Gesetze beruft
Die kündbar sind oder nicht mehr gültig
Ist die Trennung von Staat und Kirche
Kläglich gescheitert
Im Schutzmantel der Demokratie
Und einer verlogenen Moral

Subventionen

Subvention, ein zweckgebunder Zuschuss
Des Staates aus Steuergeldern
Zur Unterstüztung bestimmter Wirtschaftszweige
Subventioniert ein Staat eine Gemeinschaft Kirche
Zum Teil für soziale Zwecke mit Kindern
Zwecke, die der Staat selbst erfüllen könnte
Missbraucht die Kirche dann die Kinder
Finanziert mit Steuergeldern
Handelt der Staat grob fahrlässig
Gegen die Kinder und Steuerzahler
Genau, wie wenn der Staat mit Steuergeldern
Andere Verbrechen der Kirche zahlt
Dann ist das nicht zum Wohle des Volkes
Wonach unsere Politiker handeln müssen
Sondern zum Wohle der Kirche
Gegen den Steuerzahler
Missbrauch von Steuergeldern
Ohne jegliche moralische etheisch Berechtigung

Der Egoist

Er und sein ich – wandern den Wisper Trail Via Monte Preso, im Taunus. Der Taunus ist ein in Hessen und Rheinland-Pfalz liegendes Mittelgebirge, mit schönen Wanderwegen. Die höchste Erhebung ist der Große Feldberg, mit 879 m ü. NHL.

Er – schön, dass ich in der Corona-Pandemie den Wisper Trail entdeckt haben, wo das Reisen eingeschränkt war und ich dich – **mein Ich** – eingeladen habe, mit mir zu wandern und Gedanken auszutauschen. So können wir alle Corona-Bestimmungen ohne Abstand und Maske einhalten und unsere Gedanken austauschen, denn wir sind eins. Der Via Monte Preso ist auch wieder ganz großes Wanderkino, mit tollen Taunusblicken, in schöner Landschaft, mit vielen Tieren.

Sein Ich – wir lassen uns Zeit und genießen die 12,2 km auf den Höhen von Rüdesheim, das ist wie prophylaktische Naturmedizin, was wir hier geboten bekommen, zur Erhaltung unserer Gesundheit.

Er – wandern ist Antibiotikum aus der Natur, ohne Nebenwirkungen und ohne Packungsbeilage. Deinen Arzt und Apotheker musst du hier nicht fragen. Gefährlich ist nur, wenn man das Laufen überstrapaziert, denn wir wandern jetzt schon mehr als zwei Stunden.

Sein Ich – anscheinend stimmt mit deiner Uhr etwas nicht, denn wir sind knapp über eine Stunde unterwegs und müssen noch keine Pause machen.

Er – ich sehe am Horizont vor mir eine neu aufgestellte Wisper-Trail-Bank. Wenn die Wegpaten eine solche aufstellen, dann sollte man die auch zur Erholung nutzen. Das ist dann angewandte Naturmedizin, mit besonderer Wirkung.

Sein Ich – etwas skeptisch – okay eine Einladung sollte man nicht ausschlagen, aber jede Einladung muss man auch nicht annehmen, konkret meine ich, nicht an jeder Bank müssen wir stoppen.

Er – ja, wir verstehen uns wie immer.

Er und Sein Ich – machen an der Wisper-Trail-Bank Halt und stellen den Rucksacke ab. Die Wasserflaschen hervorgeholt und den Picknickkorb dazugestellt.

Er – ein kurzer Blick auf's IPhone muss sein.

Sein Ich – der Blick muss nicht sein, wir sind in der Natur und es ist auch nicht nötig, denn wir sind in Deutschland. Wir haben hier weder Telefon noch Internetverbindung. Unser hochindustrielles Deutschland lebt im technischen Bereich wie in der Steinzeit.

Er – wir sollten die Tour abbrechen. Man stelle sich vor, es passiert etwas und wir können keine Hilfe herbeiholen. Das ist einfach zu gefährlich.

Sein Ich – dir passiert nichts, mach dir keine Sorgen. Wie heißt es im Sprichwort so schön: Unkraut vergeht nicht. Öffne jetzt bitte das Picknickkörbchen, das neben dir steht.

Er – öffnet das Picknickkörbchen und schaut kritisch auf den Inhalt. Ich bin doch kein Hase, nur grünes Zeug.

Sein Ich – nein, Rohkost. Paprika, Karotten, Kohlrabi, Gurten, Tomaten und zum Nachtisch Trauben aus deinem Garten, was du selbst auf meine Empfehlung reingelegt hast.

Er – bedient sich an den Karotten, die er als Rohkost von Kindesbeinen an liebt.

Sein Ich – du Egoist, hast die ganzen Karotten aufgegessen und die anderen Produkte liegen lassen, für andere, die dann keine Karotten haben.

Er – wieso Egoist, ich esse am liebsten Karotten roh, das andere Zeug mag ich nicht so. Wieso bin ich dann Egoist, der eine mag das, der andere mag das.

Sein Ich – typisch Egoist. Sich direkt nach dem Handeln rechtfertigen und angegriffen fühlen. Für deine Gesundheit hatte ich dir die anderen Naturprodukte empfohlen, die du in die Dose gelegt hast.

Er – lass uns die Tour fortsetzen, dann diskutieren wir unterwegs weiter.

Er und sein Ich – packen den Rucksack wieder und gehen den Via Monte Preso weiter.

Er – Egoist sein ist eine vom neuen Testament vorgegebene gute Eigenschaft, denn Jesus hat dieses Verhalten schon damals als die richtige Lebensweise dargestellt und was Jesus sagt, entspricht der Wahrheit.

Sein Ich – Agnostiker sein und sich auf Jesus berufen und dann noch falsch. Für die Christen ist eine egoistische Grundhaltung nicht möglich. Die uneigennützige Liebe – die Kirche verwendet den Begriff Agape – ist das Ziel der Menschen, was die Kirche vorgibt.

Er – dann verstehe ich aber Jesus nicht. Im neuen Testament sagt er „Liebe deinen Nächsten wie dich selbst". Er billigt dem Nächsten nur so viel Wohl zu wie sich selbst auch und da fängt doch der Egoismus an.

Sein Ich – so sieht das gesamte Konzept der Kirche aus. Positives heucheln, Schäfchen gewinnen für den eigenen Egoismus und dann das Gegenteil leben. Wie das Sprichwort sehr deutlich sagt: Wasser predigen und Wein trinken.

Er – nach Jesus wären dann Urlauber, die in Risikogebiete reisen oder am Ballermann auf Mallorca ausgelassen feiern, keine Egoisten, denn sie haben sich selbst ein Wohl gegönnt und den anderen Mitfeiernden auch.

Sein Ich – ja und ein Unwohl haben sie den Kindern bei Schul-, Kindergarten und Kitaschließung gegönnt und der Wirtschaft, mit einem weiteren Lockdown. Diese Menschen nehmen sogar in Kauf, dass mit dem zweiten Lockdown der Sozialstaat mindestens geschädigt wird, Hartz IV und andere soziale Leistungen nicht mehr vollständig ausgezahlt werden können und die Rente auch in Gefahr ist. In einen Leistungstopf muss eingezahlt werden, damit Leistung erbracht werden kann, und beim zweiten Lockdown ist der Topf fast leer. Aber auch beim zweiten Lockdown nichts dazugelernt, die Skigebiete nach Weihnachten und im Januar sind überfüllt, ohne Rücksicht auf Corona. Bei einem solchen unverantwortlichen Verhalten gegen die anderen Erdbewohner ist Egoist schon ein harmloser Begriff.

Er – dann hat aber dein Dichterfreund Goethe, denn du so liebst, auch Unrecht, denn er meinte, jeder müsse bei sich selbst anfangen und zunächst sein eigenes Glück machen, woraus dann zuletzt das Glück des Ganzen unfehlbar entstehen wird.

Sein Ich – das kommt auf die Betrachtungsweise an. Egoismus wurde uns in der Evolution schon in die Wiege gelegt. Er ist der Ausgangspunkt jedes gesellschaftlichen Handelns und jeder Moral.

Er – das kling paradox. Du meinst, dass jedes menschliche Verhalten als egoistisch eingestuft werden kann, denn jedem bewussten Handeln liegt eine individuelle Abwägung des Nutzens zugrunde. Auch altruistisches Verhalten ist egoistisches Verhalten, weil der Handelnde subjektiv sein Handeln als vorteilhaft bewertet, denn er findet den beabsichtigten Nutzen für den anderen als persönlichen Erfolg, denk beispielhaft an die Kinderziehung, an medizinische Hilfe …usw.

Sein Ich – wenn ich das richtig verstehe, meinst du, dass Egoismus erst da ansetzt, wo der Handelnde bewusst einen Nachteil für einen anderen in Kauf nimmt, also alleine auf seinen eigenen Vorteil bedacht ist. Er widersetzt sich der Gerechtigkeit, Moral und dem Gleichheitsprinzip, obwohl eine Alternative möglich wäre.

Er – ja, das wäre die logische Denkfolge. Aber ich sehe hier keinen Egoismus mehr, sondern Egozentrismus, denn der andere wird nicht mehr als gleichberechtigtes Subjekt wahrgenommen. Ein Egoist ist zwar auf seinen Vorteil bedacht – „jedem ist das Hemd näher als die Hose" – er nimmt aber die anderen als Subjekte wahr und lässt Moral, Ethik, Gleichheit usw. gelten.

Sein Ich – dann gibt es einen positiven Egoismus, negativer Egoismus wäre Egozentrismus.

Er – denke mal an die Philosophen und Nationalökonomen. T. Hobbes, B. de Madeville, A. Smith, Dr. Ricardo sahen im Egoismus den Antrieb der gesellschaftlichen

Ordnung, allen wirtschaftlichen Handeln und die Voraussetzung für den wirtschaftlichen Fortschritt, self-interest, nannten sie dies.

Sein Ich – stimmt und viele ethische Theorien, denk an Epikur, P. Gassendi, C.A. Helvetius, P. von Holbach, J. Bentham, haben den Egoismus als Streben nach Lust aufgefasst, woraus die sittliche Ordnung abgeleitet wurde, im Solipsismus.

Er – schließen wir die philosophische Diskussion mit Kant. Bei ihm gibt es einen Egoismus des Verstandes – logischer Egoismus des Geschmacks – ästhetischer Egoismus und einen der praktischen Interessen – moralischer Egoismus. Während die beiden Ersteren bei der Urteilsbildung oder bei ästhetischen Fragen des Urteils anderer nicht berücksichtigt, ist letzterer einzig auf dasjenige gerichtet, was ihm nützt. Auch jeder Eudämonismus gilt bei Kant als ein solcher praktischer Egoismus.

Sein Ich – dann sind alle Lebewesen Egoisten, der Mensch ist dabei keine Ausnahme. Die Natur hat den Egoismus vorgegeben. Alle sind an ihrem eigenen Überleben interessiert, ihr primäres Ziel ist das genetische Überleben, das heißt, die erfolgreiche Fortpflanzung. Dazu benötigen alle Lebewesen natürliche Ressourcen, vor allem ausreichende Nahrung, und stehen somit automatisch im Wettbewerb mit den anderen Lebewesen.

Er – wir Menschen haben anders als die Tiere ein Moralsystem entwickelt. Wir haben Sittengesetze aufgestellt und eine eigene philosophische Disziplin, die Ethik etabliert, die sich mit richtigem und falschem Handeln befasst.

Sein Ich – wenn diese Moral und Ethik richtig vom Menschen angewandt wird, dann ist Egoismus nicht die Quelle, aus der sich nur das Böse entwickelt, sondern er speist das Gute in uns.

Er – wahrhaftes selbstloses Handel gibt es nicht. Mittel- bis langfristig muss die Aussicht auf eigene Vorteile bestehen. Wir sind Nepotisten, wir betreiben Vetternwirtschaft. Die längste Zeit unserer Evolution, vier bis fünf Millionen Jahre, haben wir in kleinen Gruppen von Jägern und Sammlern gelebt. In diesen Gruppen war stets Kooperation und gegenseitige Hilfe angesagt.

Sein Ich – der Schweizer Ethiker Jean-Claude Wolf schreibt: „Müsste der Egoist wählen zwischen einer Gesellschaft, in der die Menschen die moralischen Regeln nicht kennen und ohne Gewissensbisse verletzen, und einer Gesellschaft, in der die Menschen die moralischen Regeln kennen und nur mit schlechtem Gewissen verletzen, dann wird er es vorziehen, in der zweiten Gesellschaft zu leben".

Er – wenn ich das genau überlege, wird der sozial reife Mensch zwar seine eigenen Interessen durchzusetzen versuchen, es bleibt ihm auch nichts anderes übrig, aber – und sei es nur in Erwartung eigener Vorteile – die Wünsche anderer in Betracht ziehen und mit ihnen kooperieren. Er wird auch überlegen, ständige Konflikte mit anderen kosten viel Zeit und Energie, also keine Konflikte und dafür Projekte realisiert.

Sein Ich – der gesunde Egoismus dient also dem eigenen Wohlergehen.

Er – genau. Wir müssen lernen, den uns von der Natur gegeben Egoismus richtig zu leben, wie wir ihn in der Evolution übernommen haben, und Egoismusfallen, insbesondere in der modernen Gesellschaft vermeiden. Mit Egoismusfallen meine ich Vorgaben durch aggressive Werbeeinschaltungen in allen Massenmedien. Die Egoismusfalle führt zum pathologischen Egoismus, zum Verlust der individuellen Freiheit und in die Einsamkeit.

Sein Ich – im Ergebnis sind wir wieder bei der Natur. Lebe das Natürliche, das von der Natur vorgegebene, angepasst an die jeweilige Zeit.

Er – die Natur bestimmt unserer Leben. Dieses können wir nur zerstören, wenn wir gegen die Natur leben. Jeder kämpft um sein eigenes Überleben, aber mit allen anderen Menschen zusammen, dann fördert der Egoismus auch Hilfsbereitschaft, das Miteinander und ein friedliches Leben.

Sein Ich – dann waren die Urlauber in Risikogebieten, die die Coronaregeln im Urlaub missachtet haben, keine Egoisten, sondern Egozentriker.

Er – sehe ich gleich und gehe noch einen Schritt weiter, Täter an der Gesellschaft, denn sie haben vorsätzlich den Schaden an der Gesundheit, die Gesundheitsgefährdung oder den Tod anderer in Kauf genommen.

Sein Ich – und da ich dich seit mehr als sechzig Jahren kenne, weiß ich, dass du bei den Karotten nur ein Egoist warst, denn du hast auch immer das Wohl der anderen im Blick.

Er – jetzt haben wir die Highlights des Via Monte Preso das Grohbachtal, Alter Hohlweg, Rheingauer Alp Blick, Kerzer Kopf und Einsame Birke mit einer Egoismusdiskussion passiert und sind bald am Wanderparkplatz Weißenthurm, Rüdesheim-Presberg.

Sein Ich – schön an dieser Wanderung ist, dass wir neben der Natur auch unseren philosophischen Gedanken freien Lauf lassen, und diese gedeihen hier wunderbar. Deshalb nennen wir die Wanderungen auch immer Philosophische Bildwanderungen.

Er und sein Ich – am Wanderparkplatz angekommen, den Rucksack abgesetzt, Wanderschuhe ausgezogen. Eine wunderschöne empfehlenswerte Tour geht zu Ende, mit freien Gedanken.

Selbstlüge

Selbstlüge
Eine Form der Verdrängung
Die Verantwortung zu übernehmen
Was ich nicht sehe
Was ich nicht höre
Will ich nicht sehen
Will ich nicht hören
Trotzdem gesehen und gehört
Die Verantwortung dafür
Liegt kausal beim Selbstlügner

Angekommen

Wenn Arzt und Apotheke
Eine Einheit sind
Wenn der Geist nicht mehr
Springt zwischen Vergangenheit und Zukunft
Wenn die Bewertungen im Geiste abgeschaltet sind
Wenn es du und sie nicht mehr gibt
Dann bist du angekommen
In der Ruhe und Heilkraft der Natur

Zusammen mit Deinem Ich

Wohlstandsjammergesellschaft

Goldend schimmert der Oktober
Bunte Wälder
Farbenfrohe Weinberge
Laden ein in die Natur
Im Hintergrund ertönt
Die Jammermelodie
Corona nimmt kein Ende
Ausgrenzung der Ungeimpften
Starke Wintergrippe erwartet
Corona und Grippe noch gefährlicher
Impfungen angesagt
Mehrere täglich mit gegenseitger Aufhebungswirkung
Steigende Benzinpreise
Heizkosten werden teurer
Warenknappheit und Lieferengpässe
Geht es uns schlecht in diesem Herbst
Wohlstandsjammergesellschaft
Ein Blick in andere Länder
Sagt uns
Wie schlecht es hier im Lande ist
Die Jammermelodie der Bestätigung
Der Wohlstandsverlogenheit
Wohlstandsjammergesellschaft
So fühlt man sich (un)wohl

Versprechen

Ein Affe gibt für ein Versprechen
In den Bananenhimmel zu kommen
Nie eine Banane ab

Der Mensch für ein Versprechen
Ins Paradies zu kommen
Gibt sich selbst ab

Der Mensch stammt vom Affen ab
Der Affe hat sich weiterentwickelt
Der Mensch glaubt

Obstklau eine Selbstverständlichkeit (Weltliche Moral)

Er – wachte auf an einem schönen Junimorgen und machte die Kaffeemaschine an.

Sein Ich – boah, ist die wieder laut.

Er – ich verstehe bei der heutigen Technik nicht, wieso man die Lautstärke nicht reduzieren kann, zumal das sicherlich auch gesundheitsbeeinträchtigend ist.

Sein Ich – das ist genau das gleiche wie der Fluglärm direkt über unserem Hause. Die Lautstärke der Maschinen, insbesondere dann, wenn sie das Laufwerk ausfahren ist, unerträglich. Aber die Macht der Industrie, des Kapitals, geht vor die Interessen und Gesundheit der Bevölkerung.

Er – du hast sicherlich Recht. Lautstärkereduzierung ist von der Industrie nicht erwünscht, weil hier in die Technik investiert werden müsste, ohne zusätzlichen Gewinnvorteil, und es interessiert nur der Profit. Der Neo-Liberalismus hat sich antiethisch zum Neo-Kapitalismus weiterentwickelt.

Sein Ich – sehr bedenklich und nachdenkenswert finde ich auch, dass gerade in Corona-Zeiten wo nur ungefähr zwanzig Prozent Flugbetrieb ist, morgens um 5 und abends bis 23 Uhr mit dieser Lautstärke über die Wohngebiete geflogen werden muss. Bei mir verstärkt sich der Verdacht, dass dies vorsätzlich ist, dass wir uns in Corona-Zeiten nicht an Ruhe am Himmel gewöhnen.

Er – trank seinen Kaffee und raus in die Natur. Aus dem Haus, kurz über die Straße und schon war am Rande des Ober Olmer Waldes und den Feldern von Mainz Finthen

Sein Ich – um diese Zeit sind noch nicht viele Wanderer unterwegs.

Er – schau dir mal die Menge, alle beladen mit Rucksäcken, an. Zu anderen Jahreszeiten sieht man hier keinen mit Rucksack herumlaufen. Manche haben sogar Tragetaschen dabei.

Sein Ich – das sind keine Wanderern das sind Diebe.

Er – wieso? Die haben sicherlich ihre Wanderverpflegung dabei, um gemütlich bei diesem schönen Wetter zu picknicken.

Sein Ich – sieh dir diesen Wanderer links an. Der steht in den Kirschbaumfeldern und pflückt, ohne sich beobachtet zu fühlen, also ohne Moral und Ethik, Kirschen in seine Plastiktüte.

Er – ist das Mundraub.

Sein Ich – Mundraub ist ein umgangssprachlicher und vom deutschen Gesetz nicht mehr verwendeter Begriff. Er hatte den Diebstahl oder die Unterschlagung von Nahrungs- oder Genussmitteln oder von anderen Gegenständen des hauswirtschaftlichen Gebrauches in geringen Mengen oder von unbedeutendem Wert zum alsbaldigen Verbrauch zum Gegenstand.

Er – stimmt. Ich habe parallel den Begriff in die Suchmaschine, im Handy, eingegeben. Mundraub hieß im Strafgesetzbuch §370 Nr. StGB a.F., Verbrauchsmittelentwendung. Im Entwurf des Strafgesetzbuchs von 1847 erschien die Anwendung einer ordentlichen Bestrafung wegen Diebstahls auf die Entwendung von Feld- und Gartenfrüchten als nicht mehr angemessen. Die Entwürfe zur Feldpolizei-Ordnung von 1844 und 1846 wollten diesen Tatbestand nur noch für den Fall des Verzehrs unter Strafe stellen. Das alte Reichsstrafgesetzbuch (RSTGB, 1872-1953) sah eine Kategorie von Straftatbeständen vor, die als gemilderte (privilegierte) Diebstahls- und Unterschlagungsfälle bezeichnet wurden. Darunter fielen Familien- und Hausdiebstahl, Verbrauchsmittelentwendung sowie Forst und Felddiebstahl.,,

Mit der Strafrechtsreform vom 01. Januar 1975 wurde die Verbrauchsmittelentwendung als eigenständiges Delikt abgeschafft. Es wird kein Unterschied mehr gemacht zwischen dem Stehlen eines Apfels und eines Kugelschreibers. Es ist eine Verschärfung der Strafe mit der Änderung des Gesetzes für die frühere Verbrauchsmittelentwendung eingetreten, keine Entkriminalisierung.

Sein Ich – dann sind diese Täter, die Obst stehlen, Kriminelle.

Er – stimmt. Denn der Obstklau war nicht nur früher, sondern ist auch heute noch strafbar. Das heutige Strafmaß ist nicht unbeachtlich. Es droht eine Freiheitsstraße bis zu fünf Jahren oder eine Geldstrafe. Nach § 248a StGB wird der Diebstahl einer geringwertigen Sache nur auf Antrag des Betroffenen verfolgt. Geringwertig sind Sachen, die einen Wert von unter 50 Euro haben. Der Besitzer muss in diesem Falle Strafantrag stellen, wenn ein Einschreiten von Amts wegen nicht geboten ist.

Sein Ich – mit Zivilcourage müsste dann derjenige, der einen Obstdiebstahl sieht, Anzeige erstatten oder den Dieb darauf ansprechen, zumal der Wert von 50 € bei heutigen Obstpreisen sehr schnell erreicht ist.

Er – stimmt. Ich frage mich immer, mit welcher Selbstverständlichkeit, Unverfrorenheit und mangelndem Unrechtsbewusstsein die Diebe hier vorgehen.

Sein Ich – aber für christliche Menschen gelten diese Regeln nicht, denn im Fünften Buch Moses steht:

„Wenn du in den Weinberg eines anderen kommst, darfst du so viel Trauben essen, wie du magst, bist du satt bist, nur darfst du nichts in ein Gefäß tun. Wenn du durch das Kornfeld eines anderen kommst, darfst du mit der Hand Ähren abreißen, aber die Sichel darfst du auf dem Kornfeld eines anderen nicht schwingen."

Also ein kirchlich erlaubter Mundraub.

Er – du als Agnostiker und deine Kirchenzitate. Im siebten Gebot der Kirche steht: „Du sollst nicht stehlen." Wir beide wissen, dass die Kirche ein widersprüchlicher unbewiesener Verein ist, der sich nie an die eigenen Regeln hält, das fängt bei den Glaubenskriegen an und geht weiter bis zu Kindesmissbrauch. Die Kirche schafft es, ein Strafgesetzbuch komplett auszufüllen. Also komm mir bitte damit nicht, zumal die weltliche Macht vor den Glaubenshokuspokus geht.

Sein Ich – die meisten Täter kommen ohne Strafe davon, weil keine Anzeige erstattet wird und der Schaden enorm ist.

Er – naja, mal einen Apfel vom Baum genommen, treibt den Landwirt nicht in den Konkurs. Es ist ein Jammern, trotz Straftatbestand, der Bauern auf hohem Niveau.

Sein Ich – im Volksmund ja, in der Realität nicht. Wenn jeder der zwei Millionen Urlauber am Bodensee jährlich nur einen Apfel nimmt, sind das circa 300 Tonnen Äpfel. Jetzt rechne dir den Kilopreis aus, dann kommt hier ein beträchtlicher wirtschaftlicher Schaden zusammen.

Er – in diesen Ausmaßen habe ich das noch nie durchdacht. Das ist nicht nur ein persönlicher Schaden der landwirtschaftlichen Betriebe, sondern ein enormer volkswirtschaftlicher dazu.

Sein Ich – hinzu kommt, dass oft auch Schaden an den Bäumen angerichtet wird, durch Äste knicken und andere nicht fachgemäße Ernte. Aber die Dreistigkeit der Diebe geht noch weiter. In der Allgemeinen Zeitung Mainz war am 05.03.2019 ein Artikel: „Ganz bestimmt kein Mund-raub. In Selzen und Nierstein (Rheinhessen) wird nicht nur Obst vom Feld gestohlen, sondern auch ganze Bäume".

Er – wenn es nicht so ein ernstes Thema wäre, müsste man schmunzeln.

Sein Ich – das Interessante dabei war noch, dass der Täter die Obstbäume mit einer Größe von zwei Metern noch sorgfältig ausgegraben hat, mit Wurzeln und allem Drum und Dran. Er wollte also nicht zerstören, sondern klauen. Der Täter fühlte sich anscheinend unbeobachtet, denn auf dem Feld ist der Diebstahl zum wiederholten Male vorge-kommen. Ein vorsätzlich begangener Diebstahl.

Er – das ist unvorstellbar, welche kriminelle Energie Men-schen haben.

Sein Ich – stimmt. Es ist unverständlich, dass man das Eigentum des anderen nicht respektiert. Der Dieb sollte sich umgekehrt in die Lage versetzen, sein Eigentum wird gestohlen. Ein Baum gehört grundsätzlich dem Eigentümer oder dem, dessen Recht der Eigentümer ihm zugestanden hat. Lässt ein Eigentümer zu, dass ein Dritter bei ihm kos-tenlos Obst erntet, dann ist alles okay. Also mit Fragen beim Landwirt fängt schon mal der Respekt vor fremdem Eigentum an.

Er – dann darf ich auch in der Natur beim Wandern oder Spazieren keine Blumen pflücken ober Brombeeren.

Sein Ich – das ist im Gesetz über Naturschutz und Landschaftspflege (Bundesnaturschutzgesetz BNatSchG) geregelt. In § 39 Abs 3 Nr. 3 heißt es: „Jeder darf abweichend von Absatz 1 Nummer 2 wild lebende Blumen, Gräser, Farne, Moose, Flechten, Früchte, Pilze, Tee- und Heilkräuter sowie Zweige wild lebender Pflanzen aus der Natur an Stellen, die keinem Betretungsverbot unterliegen, in geringen Mengen für den persönlichen Bedarf pfleglich entnehmen und sich aneignen.“

Er – dann liegt hier die Betonung auf geringe Mengen.

Sein Ich – stimmt – denn das gewerbsmäßige Entnehmen oder sonstige Bearbeiten bedarf der Genehmigung der zuständigen Behörden.

Er – wir wollten in Ruhe wandern gehen und beschäftigen uns jetzt mit so schwerwiegenden Fragen.

Sein Ich – stimmt, aber jeder Mensch sollte sich einmal Gedanken über sein Unrechtsbewusstsein, über Moral, Ethik und auch, welche Ansprüche er an sich stellt, machen, denn die gleichen sollte er auch von anderen erwarten. Ich kann mir nicht vorstellen, dass es jemandem gleichgültig ist, wenn er bestohlen wird, auch dem Dieb nicht. Deshalb verstehe ich den Ärger der Landwirte und kann diesen sehr wohl nachvollziehen. Das Unrechtsbewusstsein sollte aber schon in der Kindererziehung beginnnen. Erklärt man einem Kind, dass es die Kirschen vom Baum nicht essen darf, wenn der Baum nicht im eigenen

Garten oder dem eigenen Feld steht, dann entwickelt es von klein auf Unrechtsbewusstsein.

Er – also Start im Elternhaus, Kita, Kindergarten und Schule sind hier auch gefordert, damit wir in einer Gesellschaft leben, wo jeder Respekt vor dem anderen und auch dessen Eigentum hat.

Sein Ich – jetzt gehen wir aber weiter.

Er – wollen wir den Dieb mit der Plastiktüte nicht anzeigen?

Sein ich – gute Frage.

Er – vor dem eigenen Haus bei solchen Themen auch mal kehren, für eine bessere Gesellschaft, mit Unrechtsbewusstsein und Zivilcourage.

Diebstahl

Siebtes Gebot, du sollst nicht stehlen
Den Menschen auch nicht das Jetzt
Das Sein ist jetzt
Der Messias kommt vielleicht morgen
Nicht jetzt
Der Tod ist morgen
Nicht jetzt
Lass dich vom Glauben nicht bestehlen
Auch nicht von den selbsternannten
buntgeschmücken Würdenträgern
Lebe im Sein, im Jetzt

Gerechtigkeit auf Erden

Gerechtigkeit auf Erden
Ist Gleichheit aller Menschen
Diese Gerechtigkeit auf Erden
Ist immer eine Ungerechtigkeit

Zivilcourage

Er und sein Ich – sind zurück aus den Feldern und verarbeiten die Eindrücke des Obstdiebstahls.

Er – ich überlege, sollen wir den Dieb mit der Plastiktüte anzeigen? Wir haben keine Anzeige erstattet. Ist dies moralisch okay?

Sein Ich – in Deutschland besteht keine generelle Anzeigepflicht. Nur nach § 138 StGB muss angezeigt werden, wer von Vorhaben oder der Ausführung von u.a. Landesverrat, Mord, Totschlag, Raub und Menschenraub oder eines gemeingefährlichen Verbrechens glaubhaft Kenntnis hat, sonst macht er sich selbst strafbar. Hier lag Obstklau vor, also eine Tat, wo keine Anzeigeverpflichtung besteht.

Er – es geht um die Moral. Wäre es nicht moralisch richtig gewesen anzuzeigen.

Sein Ich – gute Frage. Bei der Moral handelt es sich um ein System von Normen, das sich durch Regeln, Sitten, Werte und vieles mehr konstituiert hat. Sie hat den Anspruch, allgemein für eine Gesellschaft zu gelten. Sie muss also für alle Menschen gleichermaßen erfüllbar sein, ohne Ausnahmefälle. Wer gegen die Moral verstößt, hat in der Regel Schuldgefühle.

Er – habe ich Schuldgefühle?

Sein Ich – wenn die Kirche keine Schuldgefühle hat, wieso soll ich dann welche haben? Ich habe die Tat nur beobachtet, die Kirche lässt den Mundraub im Weinberg zu und fordert im siebten Gebot die Gläubigen auf, nicht zu stehlen. Gleiches gilt für alle anderen Straftaten. Eine Institution, die den Anspruch als Moralwächter erhebt, hält sich selbst nicht an die vorgegebenen Moralgebote.

Er – weil wir die Tat nur gesehen haben, haben wir nicht moralisch verwerflich gehandelt.

Sein Ich – als soziales Wesen erfahren wir Menschen von Geburt an im Normalfall Liebe, die Bereitschaft zum Verzicht und zur Fürsorge. Ohne diese Eigenschaften wäre ein dauerhaftes Zusammenleben in Gemeinschaften nicht möglich. Im Laufe der Evolution haben sich die Menschen entwickelt und die Veranlagung dazu liegt demnach in den Genen. Der Biologe Hans Mohr (11.05.1930 – 29.12.2016) drückte des folgendermaßen aus: „Wir brauchen moralisches Verhalten nicht zu lernen – es ist eine angeborene Disposition, die uns befähigt, das moralisch Richtige zu treffen", wie bereits erwähnt.

Er – du meinst also, dass unsere Entscheidung hier moralisch richtig war. Aber Erich Kästner (23. Februar 1899 – 29. Juli 1974) sagt im Roman Fabian – Die Geschichte eines Moralisten – „dass moralisches Handeln ein höchst individuelle Angelegenheit ist. Moral erfordert Emanzipation. Sie leitet sich von Vernunft ab".

Sein Ich – ich sehe hier keine Frage der Moral, auf Grundlage der Definition von Kästner, denn unsere Gesellschaft und unser Gesetz setzen den Maßstab für die Moral. Kein oder kaum ein Bürger zeigt hier an und das Gesetz fordert es auch nicht. Hinzu kommt, dass die Beweislage sehr schwierig ist, denn wie willst du die Daten des Diebes für die Anzeige feststellen? Es wäre fast eine Anzeige gegen Unbekannt.

Er – dann hat aber Kästner doch irgendwie Recht, denn würde hier angezeigt durch die Bürger, wäre die Moralvorstellung eine andere.

Sein Ich – ein nachdenkenswerter Ansatz zur Definitionserweiterung von Moral, denn dann würde die gesamte Gesellschaft so handeln und daraus Moralmaßstäbe folgen, also aus individuellem Verhalten, für die Gesellschaft generalisiert.

Er – wenn das moralisch also nicht verwerflich ist, dass wir nicht angezeigt haben, aber was ist mit Zivilcourage? Ich meine den Mut als Bürger hier zu handeln, also eine positive Tugend, die Bereitschaft und Fähigkeit, die eigene Sicherheit und Bequemlichkeit in einer unangenehmen oder auch bedrohlichen Situation zurückzustellen, um sich für eine gerechte Sache einzusetzen und entsprechen aktiv zu werden.

Sein Ich – waren wir heute zu bequem, die Polizei anzurufen und den Dieb zu stellen?

Er – ja, wir wollten doch unsere Sonntagsruhe nicht gestört bekommen.

Sein Ich – für mich stellt sich hier eine andere Problematik. Den Dieb ansprechen und ihn festhalten, sehe ich als sehr bedenklich an. Die Polizei rufen … bis diese kommt, ist der Dieb weg und wir haben keine Daten. Anders sehe ich die Lage, wenn ein Verbrecher mit einem Auto vorfährt und wir das Kennzeichen notieren können. Dann bringen wir uns nicht selbst in Gefahr, worauf bei jeder Zivilcourage zu achten ist, und sind zudem beweissicher.

Er – du denkst, bei unserem Verhalten der Nichtanzeige hat nicht unsere Bequemlichkeit die Hauptrolle gespielt.

Sein Ich – es war nicht nur ein Dieb unterwegs, sondern viele, aber keinen konnte man identifizieren für eine Anzeige. Hier hätte die Polizei von Amtswegen Streife fahren müssen, denn der Obstklau ist bekannt.

Er – würde staatliches Handeln der Ordnungsämter hier was bewirken?

Sein Ich – selbstverständlich. Eine Anzeige wäre, wenn überhaupt, erfasst worden und dann eingestellt, mangels Beweisen.

Er – also haben wir weder moralisch schlecht gehandelt noch zu wenig Zivilcourage gehabt.

Sein Ich – genau so sehe ich dies. Vielmehr muss in die Bevölkerung eine andere Moralvorstellung, wie mit fremdem Eigentum umgegangen wird.

Er – das hatten wir ja vor ein paar Stunden besprochen. Die Moral fängt im Elternhaus an, geht in der Kita, dem Kindergarten, der Schule etc. weiter.

Sein Ich – wir brauchen ein gesellschaftliches Umdenken, was unser gesamtes Leben erfasst. Hierzu gehören auch eine gerechte Verteilung der Einkommen, dass jeder sich auch das Obst beim Bauern kaufen kann und wir keine Armut erfahren, trotz Vollzeitjob, und der Kapitalismus dem Sozialismus nicht begegnet.

Er – dem kann ich nur zustimmen. Aber dieses Thema sollten wir an anderer Stelle erörtern, denn wir haben heute schon sehr viele schwere Themen besprochen. Jetzt sollten wir den schönen Sommerabend genießen.

Sein Ich – dem stimme ich zu.

Umweltschwein

Als ob eine Bombe eingeschlagen hätte, sah es auch in einem Waldabschnitt hinter dem Forsthaus Spreitel aus. Unser Leser **Jürgen Zwilling**, der selbst als Autor tätig ist, entdeckte dort am Mittwoch, 5. Januar, einen widerlichen Müllberg. Darüber ärgerte sich Zwilling zu Recht, fotografierte das Dilemma und leitete Strafanzeige gegen unbekannt ein. Zwei Tage später waren der Müll bereits abtransportiert und Beweise, die Rückschlüsse auf den Verursacher zulassen, gesichert. Der Täter ist wohl ein wahres Umweltschwein.

Wie wenig Hirn kann der Mensch haben? Die Antwort: Weniger, als man denkt. Unser Leser Jürgen Zwilling hat sich über diesen Frevel geärgert und Strafanzeige gestellt.

Foto: Jürgen Zwilling

Der Ehrliche

Der Ehrliche
Der Belächelte
Man spottet, lacht und tuschelt
Weil die Wahrheit Furcht erregt
Lebt der Unehrliche im Dunkeln
Er fürchtet das Tageslicht
Man nennt es auch Dummheit
Der Unehrlichkeit
Denn die Natur lebt ehrlich
Diese Tugend gab sie dem Mensch
Die Dummheit gab sich der Mensch

Maß der Natur

Die Natur gibt das Maß vor
Bist du satt
Iss nicht weiter
Es schmeckt vielleicht kurz
Die Übelkeit hält länger
Lebe ehrlich
Bist du unehrlich
Hilft es vielleicht kurz
Zerstört deinen inneren Frieden
Lebst du in Angst
Erkenne die von der Natur gesetzten Grenzen
Dann lebst du glücklich und zufrieden

Nettigkeit

Nettigkeit
Im Spiegel
Ist die
Unnettigkeit
Im Rückspiegel

Die Wahrheit siehst du im Spiegel

Eine Schlussfolgerung darf keine Verallgemeinerung sein

Der Weg der Wahrheit ist kürzer als der Weg der Lüge

Auf ein Wiedersehen

Er und sein Ich – sagen danke, dass Sie unsere Zeilen gelesen haben. Wie eingangs versprochen haben wir versucht, der Gesellschaft den Spiegel vorzuhalten. Kritisch, nachdenklich, streitbar, aber auch mal lustig blickten wir auf einige Themen unserer Zeit, in Gesprächen, Geschichten, Gedichten und Aphorismen, umrahmt von eigenen Fotografien. Wir haben unseren Gedanken freien Lauf gelassen, ohne diplomatische Rücksichtsnahmen und nicht gesellschaftlich von außen beeinflusst. Eine Zensur der Texte fand selbstverständlich nicht statt.

Er und sein Ich – hoffen, dass wir dem selbst gesetzten Anspruch gerecht wurden und Anregungen für ein Umdenken für unsere Natur, für die Tiere, Umwelt, die Menschen, unsere Freiheit und unsere Demokratie, gesetzt haben.

Langsamer Wandel ist auch Wandel
und wie ein Sprichwort sagt

Saulus wurde auch nicht gleich zum Paulus.

Viele weitere Themen hätten erörtert werden können. Die Vielfalt ist so groß, dass das Buch dann gegen unendlich geschrieben worden wäre. Dies hätte aber die Message vernebelt. Lassen wir zum Schluss die erörterten Punkte, teilweise, noch einmal Revue passieren und sehen uns auch viele offene nicht behandelte Themen an, die **Er und sein Ich** gerne in einer Fortsetzung besprechen, wenn der Leser dies wünscht.

Ausführlich haben wir den Blick auf Corona und die Maßnahmen geworfen.

Wie die Tageschau am 17.01.2022 um 15.35 Uhr berichtet, hat das Bundesgesundheitsministerium bestätigt, dass das Robert-Koch-Institut (RKI) die Richtlinie zum Genesenenstatus geändert und auf drei Monate, von bisher sechs Monaten, verkürzt hat. Die Änderung hat das RKI am 14.01.2022 auf seiner Seite bekannt gegeben, ohne Abstimmung, mit Wirkung vom 15.01.2022.

Der Genesenenstatus ist ebenso wie der Impfstatus maßgeblich für Quarantäne- und Einreisevorschriften. So gelten Ausnahmen von der Quarantäne der Verordnung zufolge für dreimal Geimpfte, zweimal Geimpfte in den ersten drei Monaten nach der zweiten Impfung, Genesene unter Einhaltung der Dreimonatsfrist sowie andere Genesene mit zusätzlicher Impfung. Sonderregeln, wonach bei dem Impfstoff von Johnson & Johnson eine Dosis als vollständige Impfung anerkannt wurde, entfallen.

Eine Nacht-und-Nebel-Aktion, ohne Abstimmung und Möglichkeit, die Umsetzung entsprechend anzupassen, selbst die Länder wurden nicht informiert. Diktatur oder Demokratie, von einer Behörde. So kann man mit der Bevölkerung und den gewählten Volksvertretern nicht umgehen. Dies ist ein Schaden für die Demokratie, die den Unmut in der Bevölkerung weiter verstärkt und das zu Recht.

Damit die Machtposition der Handelnden, diesmal Politik, gegenüber der Bevölkerung auch richtig dokumentiert wird, gönnt sich der Bundestag ein Corona-Sonderrecht. Der Genesenen-Status gilt sechs Monate weiter. Wie bild.de am 25.01.2022 um 12.37 Uhr berichtet, „bestätigt der Bundestag auf Anfrage der Zeitung dies. Begründung: Der Genesenenstatus sei in der Allgemeinverfügung des Bundestags geregelt, die Verfügung richte sich noch nach der alten Sechsmonateregel. Seit dem Beschluss der neuen Regelung am 14. Januar wurde die Allgemeinverfügung noch nicht angepasst. Wann die Allgemeinverfügung angepasst werden soll? Unklar. Es werde „fortlaufend analysiert, ob Änderungen der Allgemeinverfügung angezeigt sind".

Nacht- und Nebelaktion bei den Bürgern, Ruhekissen im Bundestag. Ein „Bärendienst" für die Demokratie, ein Infamie der vom Bürger gewählten Volksvertreter, der Behörde, gegenüber dem Volk und der Verfassung.

Der Eindruck entsteht, dass auch die Impfpflicht durchgedrückt werden soll, ohne Rücksicht auf unser Grundgesetz. Die Frage der Verfassungsmäßigkeit einer Impfpflicht ist in der öffentlichen Diskussion derzeit ausgeblendet, es geht nur um die Durchsetzung, umgangssprachlich formuliert „auf Teufel komm raus". Der Grundrechtseingriff „Impfpflicht" muss den Grundsätzen der Verhältnismäßigkeit entsprechen. Dazu bedarf es eines Wissens- und Erkenntnisstands, dass die allgemeine Impfpflicht überhaupt die gegenwärtige Welle und ihre Folgen wirksam bekämpft. Die bisherige Kenntnis ist nur, dass die Impfung vor schweren Corona-Verläufen schützt, entgegen den ursprünglichen Aussagen, dass sie gegen das Virus schützt, hier scheint sie wirkungslos.

Der frühere Präsident des Bundesverfassungsrechts, Hans-Jürgen Papier dazu: „„Eine tragfähige gesetzliche Regelung, die den verfassungsrechtlichen Anforderungen genügt und die zügig umgesetzt werden kann, wird auf erhebliche Schwierigkeiten stoßen."

Papier warnt, dass die Einführung einer gesetzlichen allgemeinen Impfpflicht zum jetzigen Zeitpunkt auf der Basis eines äußerst begrenzten Wissens- und Erfahrungsstandes und einer großen Unsicherheit im Hinblick auf die künftige Entwicklung der Infektionslage erfolgen würde. Wenn es um schwerwiegende Grundrechtseingriffe geht, dürfen Unklarheiten in der Bewertung von Tatsachen grundsätzlich nicht ohne weiteres zulasten der Grundrechtsträger gehen."

Der Bürger darf zur Impfpflicht nicht gezwungen werden, wenn keine sicheren Voraussetzungen gegeben sind. Es wäre ein schwerwiegender Grundrechtseingriff in das Recht auf körperliche Unversehrtheit und auf körperliche Selbstbestimmung.

Es ist von der Politik schon im Ansatz eine Unverschämtheit, diese Eingriffe sprachlich auf einem kleinen Piecks zu reduzieren. Dies ist verantwortungslose Politik, denn der kleine Piecks kann schwerwiegende Folgen haben.

Wie das zdfheute am 13.01.2022 und 11.22 Uhr berichtete, sind in Deutschland über 1.200 Schadenersatz-Anträge nach Corona-Impfung gestellt worden. Die „Neue Osnabrücker Zeitung" (NOZ) berichtete nach einer Abfrage von

Zahlen aus allen 16 Bundesländern, dass dort bislang 1.219 Anträge eingegangen seien. Von den Anträgen wurden demnach bisher 54 entschieden und davon wiederum 18 bewilligt, 30 abgelehnt, drei zuständigkeitshalber abgegeben und einer aus sonstigen Gründen erledigt. Ein kleiner Piecks mit weitreichenden Folgen.

Er und sein Ich – haben am Anfang den Unimpfi vorgestellt und in lustiger Form auf die Unfähigkeit der Politik hingewiesen. Letzter Ausweg aus der Unfähigkeit ist die Impfpflicht. Die Jagd auf die Ungeimpften hat begonnen. Offener Haas wird geschürt gegen die Entscheidung der Einzelnen sich nicht impfen zu lassen. In Facebook und Co., den Sozialen Netzwerken werden keine Argumente mehr ausgetauscht, sondern nur Beleidigungen und offener Hass. Die Ungeimpften sind die Vollidioten, die der gesamten Gesellschaft Schaden zufügen, sie sind die Staatsfeinde, sie sind die Täter, sie demonstrieren für ihre Rechte (wobei hier ausdrücklich nicht die antidemokratischen Kräfte gemeint sind, die rechtwidrig die Demonstrationen für eigene Ziele nutzen und meist Verfassungsgegner sind, wie die Rechtsextremisten und die Reichsbürger).

Der Geimpfte ist jetzt der Gutbürger.

Keiner der Ungeimpften – nicht Querdenker – hat jedoch Hass gegen Leute die sich impfen lassen, sondern überlässt dies jedem selbst. Aber unsere Politik hat die Ungeimpften zum Täter auserwählt, die die Geimpften in eine Position versetzen, Hass und Gesellschaftsspaltung zu betreiben, auf der Basis der politisch Verantwortlichen, die Corona nutzen, um in eine Gesundheitsdiktatur (nicht gleichzusetzen mit dem Sprachgebrauch der Querdenker) zu führen.

Wenn die Bundesinnenministerin Nancy Faeser wörtlich beim sozialen Netzwerk Twitter schrieb: „Ich wiederhole meinen Appell: Man kann seine Meinung auch kundtun, ohne sich gleichzeitig an vielen Orten zu versammeln", dann liegt ein falsches verfassungsrechtliches Verständnis vor.

In Art 8 unseres Grundgesetzes heißt es: „Alle Deutschen haben das Recht, sich ohne Anmeldung und Erlaubnis friedlich und ohne Waffen zu versammeln".

Die Bundesinnenministerin, deren Zuständigkeit auch die Verfassung umfasst, stellt dieses Grundrecht in Frage.

Das ruft doch gerade die ganzen hirnlosen Schreihälse auf den Plan, die ohne Denken die Corona-Zwangsmaßnahmen gegen die ganze Bevölkerung durchsetzen wollen. Diese sind voller Wut und Hass gegen die relativ große Gruppe, die sich nicht impfen lassen will. Die Hetze der Geimpften gegen die Ungeimpften, die Spaltung der Gesellschaft. Statt dass gegen die Reichsbürger und Verschwörungsideologen vorgegangen, **sollte dem Impfgegner richtig zugehört werden und keine Gleichsetzung mit radikalen Gruppen erfolgen**

In seiner Weihnachtsansprache 2021 auf Schloss Bellevue, am 25.12.2021, hat der Bundespräsident Frank-Walter-Steinmeier ausgeführt:

„Natürlich gibt es dabei auch Streit. Natürlich gibt es Unsicherheiten und Ängste, und es ist wichtig, sie auszusprechen. Daran wird bei uns niemand gehindert. Entscheidend ist, wie wir darüber sprechen – in der Familie, im Freundeskreis, in der Öffentlichkeit. Wir spüren: Nach zwei Jahren macht sich Frust breit, Gereiztheit, Entfremdung und leider auch offene Aggression. Es stimmt: In der Demokratie müssen wir nicht alle einer Meinung sein. Aber bitte denken wir daran: Wir sind ein Land! Wir müssen uns auch nach der Pandemie noch in die Augen schauen können. Und wir wollen auch nach der Pandemie noch miteinander leben."

So wie die Politik gegen die Ungeimpften gestaltet wird, können wir nach der Pandemie nicht mehr wie früher miteinander leben, denn auch in der Pandemie müssen die Grundrechte aller, der Geimpften und Ungeimpften, gleichberechtigt beachtet und ein respektvolles Miteinander gepflegt werden.

Die Pandemie wird uns in Zukunft begleiten. Wir müssen uns den Themen stellen, wie wir mit dieser umgehen werden, dass die Menschen wieder in Freiheit leben können. Wir müssen aber auch Lehren aus den letzten Jahren mit Corona ziehen und für ein zukünftiges Leben umdenken. Wir müssen mit unseren natürlichen Ressourcen verantwortungsvoller umgehen, nur ein „Just for fun", von einem Urlaub zum nächsten, von einem Event zum nächsten, kann es nicht mehr geben. Unser Planet muss geschützt werden, denn es ist nicht ausgeschlossen, dass Corona eine Warnung der Natur an die Menschen ist, wie ich schon in einigen meiner Büchern geschrieben habe, sonst sind wir am Ende, nicht nur am Ende des Buches.

Er und Sein Ich – Dr. Rodolfo, Anwalt der Tiere, Katze Mimi und der Naturgeist

Sagen

Umdenken, Mitmachen, Aufstehen und Aufwachen

Bevor es zu spät ist

Und

Der Letzte die Tür schließt und sagt

Das war's

Hauptsache, der Profit stimmt

Sie können vielleicht diesen Satz von mir nicht mehr hören, durch das ständige Wiederholen in den Büchern, aber genau hier liegt der Ansatz.

Er und sein Ich – haben in einem Kapitel ausgeführt – „Die Erde brennt" – sie brennt lichterloh und wir haben nicht mehr genug Wasser zu löschen. Der Brandherd muss ausgetrocknet werden, für das Überleben der Menschheit, aber auch reduzierter, um Vorsorge für zukünftige Pandemien zu betreiben.

Die Wälder dürfen nicht weiter ausgebeutet werden nur für Profit, die Vielzahl der Arten in der Natur darf nicht weiter aussterben, sonst stirbt irgendwann auch die Art Mensch aus. Der Klimawandel muss gestoppt werden.

Die Menschen müssen in ihren Ländern wieder leben können, ohne dass sie auf die Flucht für ein anderes Leben müssen.

Er und sein Ich – sehen aber Licht am Horizont für ein Umdenken. Wie die Zeit N" 4 unter dem Titel „Wer spricht für Kühe, Hühner, Schweine" berichtet, hält eine große Mehrheit der Deutschen es für dringend notwendig, die Interessen von Tieren in der Politik stärker zu beachten. Wie die diese schreibt: „Zu diesem Resultat kommt eine Umfrage, die das Sinus-Institut durchgeführt hat. Auftraggeber war eine Tierschutzorganisation, die Animal Society, die Befunde ähneln in der Tendenz aber anderen Erhebungen zum Thema Tierhaltung und gelten als repräsentativ für alle Deutschen zwischen 18 und 69 Jahren; der Zeit liegen die bislang unveröffentlichten Studienergebnisse vor. Demnach sprechen sich drei Viertel aller Befragten für einen „starken Wandel in der Politik der Tierhaltung aus. Zwei Drittel der Deutschen sehen die Belange von Tieren in der Politik aktuell nicht ausreichend vertreten. Etwa ebenso viele glauben, dass die Politik über die Folgen der Tierhaltung für Tiere, Umwelt und menschliche Gesundheit nicht ausreichend aufklärt."

Also hat ein Umdenken in der Bevölkerung eingesetzt. Nur müssen die Rechte der Tiere vom Gesetzgeber rechtlich gestärkt werden. Hierzu hat **Er** zum Zeitbeitrag einen Lesebrief eingereicht, wie dies umgesetzt werden kann.

Leserbrief
Zeit N" 4 vom 20.01.2022
Wer spricht für Kühe, Hühner, Schweine?

Das Tierschutzgebot als Staatsziel in Art 20a GG kann den Tieren nicht gerecht werden.

Der Schutz der Tiere in dieser Bestimmung ist Staatszielbestimmung, also eine Norm der Verfassung. Dem Staat wird vorgeschrieben, die Tiere zu schützen. Dies muss jede staatliche Gewalt, Parlamente, Richter und Behörden beachten. Allerdings kann, anders als bei den Grundrechten, kein privater Bürger für sich daraus Rechte ableiten. Tierschutz ist eine Aufgabe des Staates und der Gesellschaft, dabei aber grundsätzlich gleichrangig mit anderen Prinzipien der Verfassung. Hier fängt die Problematik an. Im sogenannten Schächturteil des Bundesverfassungsgerichtes haben die Verfassungshüter die Religionsfreiheit eines muslimischen Metzgers, der die Klage eingereicht hatte, über den Tierschutz gestellt. Verfassungsrechtlich ist die Religionsfreiheit geschützt, die Tiere aber grundgesetzlich nicht. Art 20a GG ist nicht nur Verfassungslyrik, er ist ein erster Schritt in die richtige Richtung. Der Tierschutz muss aber grundgesetzlich verankert werden, also ein eigenes Grundrecht für die Tiere, wie es andere Länder schon haben, damit die Tiere bei der verfassungsrechtlichen Abwägung einen gleichwertigen Stand haben. Dann wäre beim Schächturteil die Religionsfreiheit gegen den Tierschutz subsumiert worden. Das Urteil wäre sicherlich, nicht nur aus heutiger Sicht zum Glauben und der Kirche, anders ausgegangen, zum Schutze des Lebewesens Tier.

Der Zeitartikel zeigt sehr deutlich dass sich der Einsatz für die Tiere und alle anderen hier angesprochen Themen lohnt. Ein Umdenken findet bereits statt, wie man auch im Handel feststellt.

Er und Sein Ich – sagen, dass dieses Umdenken auch ein moralisch ethischer Anspruch des Menschen gegen alle Kreaturen und die Natur ist. Dieser sehr hohe Anspruch, ein weltlicher, ist nicht mit der verlogenen Moral der Kirche zu vergleichen. Ausführlich sind wir auf das Thema Moral und Ethik eingegangen. Zum Zeitpunkt unserer Recherche lag das Gutachten zu sexuellen Übergriffen im Erzbistum München und Freising noch nicht vor, das den emeritierten ehemaligen Papst Benedikt XVI schwer belastet.

Wie n-tv.de am 20.01.2022 – 18:34 Uhr berichtet, „sind mindestens 497 Kinder und Jugendliche laut der vorgestellten Studie zwischen 1945 und 2019 in dem katholischen Bistum von Priestern, Diakonen oder anderen Mitarbeitern der Kirche sexuell missbraucht worden. Mindestens 235 mutmaßliche Täter gab es laut der Anwaltskanzlei – darunter 173 Priester. Allerdings sei dies nur das sogenannte Hellfeld. Es sei von einer deutlich größeren Dunkelziffer auszugehen. Gutachter Ulrich Wastl nannte dies ein „Bilanz des Schreckens".

„In dem fast 2000-seitigen Gutachten heißt es, 40 Kleriker seien auch nach Missbrauchsfällen weiterhin in der Seelsorge tätig gewesen, beziehungsweise sei dies geduldet worden. Bei 18 davon erfolgte diese sogar nach „einschlägiger Verurteilung", wie der Jurist Martin Pusch sagte. Insgesamt seien bei 43 Klerikern „gebotene Maßnahmen mit Sanktionscharakter" unterblieben. Dafür verantwortlich – auch das macht das Gutachten klar – sind aus Sicht der Anwälte vor allem die Münchner Bischöfe und Generalvikare und damit auch den späteren Papst Benedikt XVI., der von 1977 bis 1982 Erzbischof von München und Freising war.

Gutachter: Ratzinger sagte nicht die Wahrheit.

Fehlverhalten in vier Fällen halten die Anwälte Ratzinger vor. In zwei davon soll er Priester, bei denen er „überwiegend wahrscheinlich" von ihrer Missbrauchsvergangenheit wusste, nach Bayern geholt haben. In allen Fällen habe Benedikt ein Fehlverhalten strikt zurückgewiesen. Seine 82 Seiten lange Stellungnahme ist im Anhang des Gutachtens zu lesen, das inzwischen auf der Internetseite der Kanzlei veröffentlich wurde.

In einem dieser Fälle geht es um einen Priester, der im Ausland rechtskräftig wegen Missbrauchs verurteilt worden war, in einem anderen um den bekannten Fall eines Priesters aus Essen, der trotz Vorfällen in Nordrhein-Westfalen in Bayern wieder als Seelsorger mit Kindern und Jugendlichen arbeitete.
Besonders brisant: Die Gutachter gehen davon aus, dass Ratzinger in Bezug auf die Fälle nicht die Wahrheit gesagt hat. „Denn laut der Studie legt ein Sitzungsprotokoll nahe, dass er anders, als er selbst behauptet, 1980 als Erzbischof von München sehr wohl bei dem heiklen Treffen dabei

war, bei dem beschlossen wurde, dass der Priester nach Bayern übersiedeln soll. Der Geistliche missbrauchte dort später erneut Kinder und wurde dafür rechtskräftig verurteilt. Der Jurist Wastl sagte, er halte Benedikts Angabe, er sei in dieser Sitzung nicht anwesend gewesen, für „wenig glaubwürdig". – soweit n-tv. (teils wörtlich zitiert).

Der emeritierte Papst drückt, wie er es bereits mehrmals in den Jahren seines Pontifikats getan hat, „seine Scham und sein Bedauern aus über den von Klerikern an Minderjährigen verübten Missbrauch und erneuert seine persönliche Nähe und sein Gebet für alle Opfer", zitierte das Medienportal Vatican News, laut seines Privatsekretärs Georg Gänswein.

„In einem anderen Missbrauchsfall, „Fall Vier", bestreitet Benedikt nicht, von einem Strafbefehl gegen einen Priester gewusst zu haben, und relativierte wieder. Der Täter sei als Exhibitionist aufgefallen, aber nicht als Missbrauchstäter, im eigentlichen Sinn und steigerte seine Aussage noch: Die Tathandlungen hätten, jeweils im Entblößen des eigenen Geschlechtsteils vor vorpubertären Mädchen und in der Vornahme von Masturbationsbewegungen (…) bestanden. In keinem der Fälle sei es zu einer Berührung gekommen."

Am 24.01.2022 um 13:05 Uhr, also vier Tage nach Veröffentlichung des Gutachtens, berichtet bild.de, „Papst Benedikt XVI. hat bei seiner Stellungnahme für das Missbrauchs-Gutachten des Erzbistums München und Freising an einer wichtigen Stelle eine falsche Aussage gemacht!

Das räumte der emeritierte Papst am Montag in einer Stellungnahme seines Privatsekretärs Georg Gänswein ein, die er der katholischen Nachrichtenagentur (KANN) gab. Benedikt habe doch am 15. Januar 1980 als Erzbischof Joseph Ratzinger von München und Freising an einer entscheidenden Ordinariatssitzung teilgenommen, bei der über einen Priester gesprochen wurde, der mehrfach wegen sexuellen Missbrauchs von Kindern auffällig geworden war. Gänswein räumte ein, dass die gegenteilige Angabe also objektiv falsch war. Ratzinger bittet, diesen Fehler zu entschuldigen".

Eine objektiv falsche Aussage, ist eine vorsätzlich falsche Aussage, also ein Verstoß gegen das achte Gebot: Du sollst nicht falsch Zeugnis reden wider deinen Nächsten, der eigenen Gesetze des unfehlbaren Papstes und Stellvertreter Gottes auf Erden, weltlich ein Lüge.

Der Name Benedikt kommt vom lateinischen benedicere. Das hat mehrere Bedeutungen: wohl reden, richtig reden, segnen, weihen, lobpreisen, preisen. Selbst seinem Namen wird er nicht gerecht.

Der Papst hat sich auf ein weltliches unterirdisches Niveau begeben und auf eine nicht gewollte Beweisführung über das vom Menschen erfundene System Kirche.

Wer jetzt noch zur Kirche steht, nicht austritt und für klare Kante sorgt, unterstützt das ganze Systems des Grauens, macht sich moralisch und ethisch mitschuldig.

Die weltliche Moral und Ethik, nicht vom Glauben beeinflusst, ist die Basis.

Es ist die Grundlage für ein gemeinsames Leben aller
Kreaturen auf unserem Planeten Erde und diese fängt im
Kleinen an und endet im Großen.

Viele Themen beispielhaft kunterbunt aufgeführt

- Ahrtalkatastrophe
- Ukraine-Konflikt
- Lebensmittelvernichtung und Ausbeutung der natür-
  lich Ressourcen
- Alle aktuellen Kriege auf der Welt
- Flüchtlinge durch Vertreibung, aber auch Ausbeutung
  des Landes
- Naturkatastrophen auf der Welt
- Klimaerwärmung
- Das Erbe für die zukünftige Generation
- Sandmafia
- Altersarmut
- Großwildjäger in Afrika
- Malochen bis in den Tod
- Was ist sozial
- Der gesteuerte Mensch
- Wer hat die Religion erfunden
- Aussterben der Art Mensch
- Waffenlieferung
- Staatliche Subventionen
- Fremdenhass und Antisemitismus
- Tintenfischzucht in Aquakulturen

- Kinderarbeit
- Frieden auf der Welt
- usw

hätten wir hier noch erörtern können, wie bereits ausgeführt.

Er und Sein Ich – sagen zum Schluss, schützen wir unsere
Demokratie, unser Grundgesetz, achten wir die Natur, Tier,
Umwelt und das Klima und Leben moralisch ethisch mit
allen Kreaturen auf der Erde in Frieden zusammen.

Er und Sein Ich – sagen Tschüss – auf ein Wiedersehen,
mit ein paar allgemeinen Gedanken, Gedichten als kleines
Goody, zum Abschluss.

Vertrauen in die Demokratie

Haben wir das Vertrauen in die Demokratie verloren
Ein einzelnes Beipsiel gibt zu denken
Wer sich nicht impfen lässt
Ist unverantwortlich und dumm
Der Täter an der Gesellschaft
Eigene Meinung verboten
Diktatur durch Volkesmund
Unterstützt von den Politikern
Nicht durch politisches Handeln
Stimmungsmache zur Durchsetzung einer Impfpflicht
Eine Pflicht gegen welche Virsusvariante
Für drei Monate bis zur nächsten Impfung
Freie Meinungsäußerung nicht erwünscht ohne Impfung
Zum Schaden der Demokratie
Der Gesundheit des Volkes
Diktatur auch aus der Gesellschaft
Macht krank und spaltet
Schützen wir unsere Demokratie
Bekämpfen tolerant demokratisch die Pandemie

Corona-Grenzkontrollen

Boutiquebesitzer
Kneipenbesitzer
Baumarktbesitzer
Handelsgeschäftebesitzer
Einen neuen Nebenjob gefunden
Grenzkontrolleur
Am Eingang des eigenen Geschäftes
Ohne Lohn oder Honorar
Nur zum eigenen Umsatzminus
Da lacht im gleichen Haus
Der Supermarktbesitzer
Eingang ohne Grenzkontrollen
Die Moral von der Geschichte
Grenzen sind zurück
Sind nicht überwunden
Neue Kontrollen
Für eine Zweiklassengesellschaft
Den Kampf der offenen Grenzen verloren
Sie sind jetzt wieder im Kleinsten geschlossen
Die Öffnung wird schrecklich
Denn draußen vor der Tür
Bleiben dann die heute Ausgesperrten
Nichts gelernt zum Schutz der Demokratie
Zur Bekämpfung der Pandemie

Anti-Natur-Gesellschaft

Stürzende Wasser der Gier
Reißende Flüsse des Neides
Wohlstandsgesellschaft pur
Großstadtleben
Gesellschaftskampf
Menschlichkeit vorbei
Sieg der Zerstörung
Kein Weg der Zukunft
Ein Weg der Vergangheit
Ein Endweg
Der Zukunftsweg
Zurück zur Natur
Zurück zur Menschlichkeit
Verabschiedung der Vergangenheit
Start in der Gegenwart

Wasserfall

Herabstürzende Wasser
Im reißenden Fluss
Unaufhaltsam in die Tiefe
Mit natürlicher Kraft
Energie der Natur
Im Lebensstrom der Erde
Machtlos steht der Mensch davor
Die Natur zeigt ihm die Machtlosigkeit
Erkennen muss dies der Mensch
Im Zusammenleben in der Natur
Sonst verabschiedet die Natur
Den Menschen und lebt weiter
Ohne Störer und Zerstörer

Welt von oben

Schau dir die Welt von oben an
Steig hinauf mit eigener Kraft
Der erste Blick
Im Schweiß gebadet
Nach unten ins Tal
Siehst du noch Sorgen
Aufgelöst in der Natur
Steigst du sorgenlos hinab
Mit freiem Blick ins Tal
Neue Kraft von oben
Gab dir die Natur
Für Heute, Morgen und die Zukunft

Talblick

Ich stand am Gipfelkreuz
Sah ins Tal
Friedlich lag die Welt
Vor meinen Augen
So wie sie von der Natur geschaffen

Ich stieg hinab ins Tal
Ich sah die Menschen, die Zerstörer
Den Neid, den Hass, die Gier
Der Frieden war vorbei
Mensch, bist du der Natur entartet

Morgen ist nicht heute

Halb draußen ist mitten drin

Wenn Luxus zur Notwendigkeit wird, ist das Leben vorbei

Wenn jeder Furz eine Selbstverständlichkeit wird, muss sich was ändern.

Vergangenheitserinnerungen

Gelegentlich kommt im Alter die Vergangenheit zurück
Hab mir mal die alten Western mit John Wayne und
Kollegen angesehen
Wo ich als Kind mitgeritten bin und gekämpft habe
Ich war der Westernheld
Mal Cowboy, mal Indianer
Unglaublich, wie wir uns zum Vergnügen
Massenmord, Todschlag und Rassismus angesehen haben
Wichtig war der Blick in die Vergangenheit
Antworten habe ich keine gefunden
Aber Fragen zum Nachdenken
Sind wir gesellschaftlich weiter
Sind wir gesellschaftlich schlimmer
Ein Blick ins Heute macht mich nachdenklich
Besorgt sehe ich in die Gegenwart und Zukunft

Sternenblick

Sternenklarer Himmel
Blicke von meiner Terrasse
Mediterrane Aussicht
Sternenhimmel
Was sagt mir dieser
Pandemien im Weltall über uns
Infizierter Himmel
Traurige Blicke der Sterne auf die Erde
Erde, dein Stern geht unter
Die Menschen sind dein Übel
Bringe sie zur Vernunft

Geschlossene Tür

Flüsse über den Ufern
Städte verwüstet wie im Krieg
Menschen obdachlos

Die Antwort der Natur
oder
Das Ergebnis des menschlichen Handelns

Wenn der letzte Baum gerodet
Der letzte Fluß vergiftet
Das letzte Wild geschossen
Der letzte Fisch gefangen
Das letzte Stückchen Boden versiegelt
Die Tür zur Natur geschlossen
Merkt auch der Letzte
Die Gier ist keine Lebensgrundlage
Sie hat diese vernichtet
Es ist zu spät

Kleiner Vogel

Was machst du mit mir
Du kleiner Vogel
Weckst mich um fünf Uhr morgens
Stimmst mich auf den Tag ein
Gibst mir positive Energie
Für die nächsten Stunden
Nehme ich gerne von dir an
Kann ich das zurückgeben
Mein Verstand und Herz sagt ja
Eine kleine Bitte hätte ich
Zeig mir den Weg
Ich bin verfangen im Hier und Jetzt
Befreie mich

Eremitenpfad

Auf dem Pfad des Eremiten
Begegnete ich der Entschleunigung
Der Ruhe und Besinnlichkeit
Ich blieb stehen
Packte alle in meine Rucksacke ein
Im Alltag öffnete ich den Rucksack

Modernes Timing

Wir treffen uns gegen vier
Nicht um vier wie früher
Was ist gegen vier
Viertel vor vier
Viertel nach vier
Kurz vor fünf
Halb fünf
Ich bin verwirrt
Vor dem Treffen
Der Knigge ist sprachlos
Ich komme zu spät
Das Treffen habe ich versäumt

Carpe diem

Carpe diem
Nutze den Tag
Lebe jeden Tag
Ein Stück bewusster
Carpe secundum
Lass Unmengen weg
Von künstlichem Schnickschnack
Befreie dich
Wir brauchen nur eines
Die Natur als Ursprung
Vergiss das Drumherum

Heimat

Heimat ist ein Ort
Der nicht verändert werden darf
Meine Kindheit
Meine Jugend
Komme ich zurück
Will ich in die alte Zeit
Meine Heimat
Habe ich ein Recht darauf
Hat die Jugend ein Recht darauf
In meiner Heimat ihre Kindheit
Jugend zu leben
In ihrer Heimat
Das Leben ist Veränderung
Heimat ist das Leben

Friedenswellen

Die Wellen am Meer
Kommen wie die Gefühle
Keiner hält sie fest
Weder die Guten
Noch die Schlechten
Setz dich hin
Schau den Wellen zu
Dann findest du
Deinen Frieden

Lebenswanderung

Vom Kreißsaal bis zur Urne
Ist das Leben eine Wanderung
Über Höhen und Tiefen
Berge und Täler
Regen und Sonnenschein
Abstürze mit und ohne Auffangseil
Wie bei jeder Wanderung
Wichtig ist, den richtigen Weg zu finden

Launen

Launen
Sind wie der Wind
Sie fliegen an
Sie fliegen weg
Die Hinterlassenschaft
Ist groß
Der eine Mitmensch verträgt sie
Der andere verträgt sie nicht
Sie können dann Narben hinterlassen

Ziellos durch die Nacht

Ziellos durch die Nacht
Moderne Zeit
Gut beleuchtet
Energieverbrauch
Ratlos durch den Tag
Ziellos durch das Leben

Sorgen und Probleme

Hast du Sorgen und Probleme
Sind die Tage lang
Die Nächte noch viel länger
Im Glück
Vergehen Tage wie im Flug
Die Nächte schäfst du ruhig
Und träumst die schönsten Träume

Im Herbst des Lebens

Im Herbst des Lebens
Schaue nicht zurück
Schaue nach vorn
In die Zukunft
Baue auf das vorhandene Fundament
Deines Lebens auf
Gehe die neuen Wege
Schritte in die Vergangenheit
Bringen das Fundament zum Wackeln
Zum Einsturz

Kleines Kräuterglück

Rosmarin, Thymian, Petersilie
Schnittlauch, Bärlauch, Waldmeister
Ob im Garten, auf dem Balkon, im Hof
Nicht nur eine Gaumenfreude
Herz und Laune, Wohlbefinden
Grünes Körperwohl
Eine Spende der Natur
Für jedes Wohl

Auf ein Wiedersehen

Er und sein Ich

Der Mond schaut weg

Heller Mond über Rheinhessen
Eingebettet von einem Wolkenstreifen
Orkane, Sturmböen, Wind
Begleiten ihn
Schaut hinab
Sieht Säbelrasseln hier auf Erden
Atomwaffen-Manöver
Militärischer Auf- und Abzug an den Grenzen
Kriegsgefahr in der Ukraine
Öl ins Kriegsfeuer wird gegossen
Jenseites des Atlantiks
Ein Streichholz reicht
Diesseits des Atlantiks
Für das Kriegsfeuer
Der Mond schließt die Augen
Menschheit
Aus und mit der Geschichte nichts gelernt
Menschlicher Zerstörungswille ungebrochen
Der Mond schaut weg
Er schüttelt sich ratlos im Universum

Zeynep

Zeynep wütet über Deutschland
Orkan, Sturmtief, Windböen
Fast so grausam wie der Mensch
Ausnahmezustand
Sandstrände komplett weg
Totale Zerstörung
Windgeschwindigkeiten von 170 km/h
Alarmglocken sollten läuten
Oder hat der Mensch sich an die eigene Grausamkeit
gewöhnt
Klimawandel lässt grüßen
Umdenken angesagt
Kein weiter so
Sonst ist nicht nur der Sandstrand weg

Seit Jahrzehnten liegt auf dem Schreibtisch von **Er und seinem Ich**

Zum ewigen Frieden von Immanuel Kant

Auch wenn es naiv ist, **Er und sein Ich** geben die Hoffnung nicht auf

Krieg – Jeder Tote ist ein Menschenleben zu viel

Ergänzende Quellen:

1. www.wikipedia.org
2. Brockhaus Enzyklopädie und www.brockhaus.de
3. Weitere Quellangaben direkt bei den Texten

Bilder: Jürgen Zwilling

0,50 € pro verkauftes Buch werden für die Tiere und Natur gespendet. Eine Stiftung ist in Planung.

Vita

Jürgen Zwillingm 1959 in Mainz geboren, aufgewachsen und studiert.

Seit 35 Jahren selbstständiger Mittelständler. Schon früh für Literatur, Schreiben und Fotografie interessiert. Seit einigen Jahren diesem Hobby in der Freizeit nachgekommen und neben mehreren veröffentlichten Büchern 2018 eine Galerie für Fotografie eröffnet.

Veröffentlichungen unter:

https://www.jürgen-zwilling.de

und www.juergen-zwilling.de

Galerie unter:

https://www.jürgen-zwilling.de/cataloges.php?category=10

Im Rediroma-Verlag erschienen:

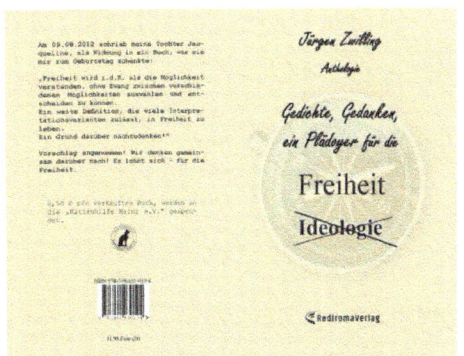

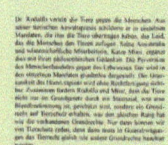